山川

一問一答

政治・経済

政治・経済用語問題研究会 編

JN107603

山川出版社

　「政治・経済」学習の第一歩は、基礎的・基本的な用語を正確に理解することである。用語が分かれば、学習が楽しくなり、１つのまとまった概念を全体として理解できるようになる。覚えるのではなく理解することになるからである。

　本書は、約1,600の「政治・経済」の用語を取り上げてある。『政治・経済用語集』に記載されている用語から学習上必要最小限の用語を精選した。これらの用語を理解すれば「政治・経済」の標準的な学習は完璧である。『政治・経済用語集』とあわせて活用すると一層の効果が期待される。『政治・経済用語集』は用語辞典ではなく、それぞれの章や節に収められている用語を理解していくと、自ずとその章や節で理解しなければならない内容が理解できるように工夫されている。

　一通り学習した後で、用語を確認したいとき、まず索引で収録されている用語のページを確認して用語を探して説明を読むだろう。用語が分かったところで学習を止めずに、その用語が含まれる節全体を順に用語をたどりながらもう一度読み込んでみよう。理解が定着するはずだ。一通りの学習の次は、説明を読んで用語が思い浮かぶか確認しよう。その次は用語をみて100字で説明できるか、書いてみよう。さらに小論文や論述問題に対応するなら、１つの節の赤文字になっている重要語句を用いてその節全体を500字や800字で説明してみよう。確実に記述力・論述力が身に付く。

　「政治・経済」が苦手だという場合は、まず、本書の★印の多い基本用語だけを解答とあわせて読み込むことから始めたい。一通り章や節全体を把握したところで、１問ずつ問題に取り組んでいけばよい。また、ある程度「政治・経済」の学力がある場合は、最初から問題を解いてみよう。分野によって得手不得手がある場合は得意な分野は最初から問題を解くところから、不得意な分野は用語と説明を一通り読んでから解いてみよう。

　本書を授業や大学入試、就職試験に活用して、大きな成果を上げてほしい。

　なお、本書は、情勢の変化に応じて部分的な修正を加えていく。

編者

本書の特長と使い方

　本書は、授業や教科書、『用語集』で学習した用語について、覚えているかを、一問一答形式でチェックする問題集です。チェック欄を活用して、身に付くまで繰り返し学習しましょう。また、わからなかった問題は、教科書や『用語集』も使って確認しましょう。

＊本書の目次構成は小社の『政治・経済用語集』に準じています。

> **『用語集』のページ数**
> 節ごとに、小社『政治・経済用語集』の対応するページを記載しています。わからない用語の説明を、『用語集』で効率よく調べられます。

> **重要度**
> "★"マークの数が、解答の用語の重要度を表しています。
> 重要度は小社『政治・経済用語集』の頻度数に準拠したものです。
> なお、『用語集』で項目として立てられていない事項を問う問題などは、適宜、関連する用語の頻度数を参考に、重要度を示しています。
> 問題数：約1,600
> 重要度5以上の重要用語問題：約1,000

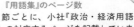

第1編 現代の政治と民主社会

第1章 民主政治の基本原理

❶ 政治と国家と法 　　　　用語集 p.2〜5

■政治

★★★★★★ □□□	社会生活を営む人々の間で発生する考え方の相違や利害対立などを調整し、社会秩序を維持する機能を何というか。	政治
★★★★☆ □□□	国家権力による支配の正統性を、合法的支配・伝統的支配・カリスマ的支配に分類して説明した人物は誰か。	マックス＝ウェーバー
★★★★★★ □□□	王権神授説に基づいて、強大な政治権力を有する絶対君主が行なった、強力な常備軍と官僚制を支えとする専制支配の政治思想を何というか。	絶対主義
★★★ □□□	個人の自由を尊重し、国家の規制や干渉を排除しようとする近代思想を何というか。	自由主義
★★★★☆ □□□	「人間は社会的（ポリス的、政治的）な動物である」と述べ、人間の社会的本性を指摘し、政治体制や正義の観念を分析した古代ギリシアの哲学者は誰か。	アリストテレス

> **問題文中の赤字**
> 問題文中の重要事項を赤字にしています。

> **チェック欄**
> 各問題にチェック欄を設けています。解けた問題にチェックするなどして、活用しましょう。

> **解答**
> 解答は赤字にしています。付属の赤シートをずらしながら1問ずつ解いていきましょう。

> **巻末索引**
> 用語を探しやすいように、巻末に解答の用語の索引を掲載しています。

こんな使い方もできます。

● 本書を読みすすめるだけでなく、解答を紙に書いていくと、より一層の学習効果が期待できます。

● 問題文中の赤字も付属の赤シートで隠せるので、穴埋め問題としても活用できます。

第II部 現代の経済

第1章　民主政治の基本原理

❶ 政治と国家と法

用語集 p.2〜5

■政治

★★★★★★	
1 □□□ 社会生活を営む人々の間で発生する考え方の相違や利害対立などを調整し、社会秩序を維持する機能を何というか。	政治
★★★★★☆	
2 □□□ 国家権力による支配の正統性を、合法的支配・伝統的支配・カリスマ的支配に分類して説明した人物は誰か。	マックス゠ウェーバー
★★★★★★	
3 □□□ 王権神授説(しんじゅ)に基づいて、強大な政治権力を有する絶対君主が行なった、強力な常備軍と官僚制を支えとする専制支配の政治思想を何というか。	絶対主義
★★★☆☆☆	
4 □□□ 個人の自由を尊重し、国家の規制や干渉(かんしょう)を排除しようとする近代思想を何というか。	自由主義
★★★★☆☆	
5 □□□ 「人間は社会的(ポリス的、政治的)な動物である」と述べ、人間の社会的本性を指摘し、政治体制や正義の観念を分析した古代ギリシアの哲学者は誰か。	アリストテレス

■国家

★★★★★★	
1 □□□ 国家における最高の意思決定権や国民を統治する最高権力のことを指す言葉であり、対外的には国家権力の独立性を指す言葉は何か。	主権
★★★★★☆	
2 □□□ ドイツの法学者イェリネックが説いた独立国家が成立するための3つの要素を何というか。	領域(領土、領海、領空)・国民・主権
★★★★★☆	
3 □□□ フランスの思想家で、主権国家という概念を導入し、近代国家を理論的に基礎づけた人物であり、主著『国家論』を著わした人物は誰か。	ボーダン
★★★★☆☆	
4 □□□ 成文の法規範を制定する国家の作用を何というか。民主国家では議会がその役割を果たしている。	立法
★★★★☆☆	
5 □□□ 法の定める内容を実行し、実現する政治の働きを何とい	行政

うか。民主国家では<u>内閣</u>や<u>大統領</u>がその役割を果たしている。

★★★★☆☆

6
□□□ 社会生活から生まれる紛争を、法を適用して解決する国家の作用を何というか。民主国家では<u>裁判所</u>がその役割を果たしている。 | 司法

★★★★★★

7
□□□ 経済は<u>自由放任</u>のもと、政府の役割を国防と治安維持などに限定した政府のことを何というか。 | 小さな政府

★★★★★★

8
□□□ ドイツの社会主義者<u>ラッサール</u>が、最小限度の治安維持と国防を任務とする、自由放任主義的な近代国家を批判して用いた言葉は何か。 | 夜警国家

★★★☆☆☆

9
□□□ 「夜警国家」や小さな政府と同じ意味に使われる、国民の生活や活動に対して国家の介入をきわめて狭い範囲に限定した国家のあり方を何というか。「積極国家」と対になる言葉。 | 消極国家

★★★★★★

10
□□□ 国がすすんで財政や経済の諸施策を行ない、国民福祉を充実させていく機能を持った政府を何というか。 | 大きな政府

★★★☆☆☆

11
□□□ 生活困窮、失業などの社会問題を解決するために形成されてきた、行政機能の役割が増大した国家を何というか。 | 行政国家

■法

★★★★★☆

1
□□□ 法、宗教、道徳、慣習などとして存在する、人間の行動や社会生活を律する基準を何というか。 | 社会規範

★★★★★★

2
□□□ 社会規範の1つで、社会秩序の形成、維持、発展のためにつくられた、国家権力に裏づけられた強制力を持つ行動基準を何というか。 | 法

★★★★★☆

3
□□□ 社会規範の1つで、人間の良心に支えられ、権力の強制がなくても守るべきものとされる基準を何というか。 | 道徳

★★★★★☆

4
□□□ 社会規範の1つで、特定の社会の中で、人々の間に受け継がれてきた行動様式を何というか。 | 慣習

★★★★★★

5
□□□ 慣習や立法機関による制定など、人間の行為によってつくり出された法を何というか。 | 実定法

★★★☆☆☆		
6 □□□	「制定法」とも呼ばれる、文書の形式をとってあらわされた法を何というか。	成文法
★★★☆☆☆		
7 □□□	慣習法や判例法などの成文法以外の法のことであり、文章化されていない、慣習や判例によって法規範として認められた法を何というか。	不文法
★★★★★★		
8 □□□	国家の基本構造を定める最高法規を何というか。	憲法
★★★★★★		
9 □□□	刑法、行政法などの、国家と国民（市民）との関係を規制する法を何というか。	公法
★★★★★★		
10 □□□	民法、商法などの、国民相互の関係を規制する法を何というか。	私法
★★★★☆☆		
11 □□□	私法のうち、企業とその活動について規定する法を何というか。	商法
★★★★★☆		
12 □□□	国家権力の干渉を受けずに、各個人は売買などの私的な活動を自由に行なうことができる原則を何というか。	私的自治の原則
★★☆☆☆☆		
13 □□□	国籍や性別などにかかわらず、すべての人は等しく権利・義務の主体となる資格を持つ原則を何というか。	権利能力平等の原則
★★★★★☆		
14 □□□	生存権や労働基本権など社会権の思想を基礎とし、労働法や社会保障法を含む法を何というか。	社会法
★★★★★☆		
15 □□□	刑法の適用を受ける犯罪事件についての訴訟手続きを規定した法律を何というか。	刑事訴訟法
★★★☆☆☆		
16 □□□	私人間の生活関係に関する紛争を裁判所が法律的・強制的に解決するための手続きを規定した法律を何というか。	民事訴訟法
★☆☆☆☆☆		
17 □□□	法の制定や解釈、適用が安定的に行なわれていることをあらわす言葉を何というか。	法的安定性
★★☆☆☆☆		
18 □□□	社会的決定に対する1つの評価軸であり、手続きや機会、結果などが公平でかたよっていないことをあらわす言葉を何というか。	公正
★☆☆☆☆☆		
19 □□□	法の持つ役割の1つであり、具体的な紛争に際する裁判の基準としての法規範のあり方を何というか。行為規範と対になる言葉。	裁判規範としての法

❷ 民主政治の原理と歴史

用語集 p.6〜12

■民主政治の基本原理

★★★★★★
1
□□□ 基本的人権の尊重・権力分立・法の支配・国民主権など を基本原理として発達した、国民の意思(民意)に従って 政治を行なう政治体制を何というか。

民主主義(デモクラシー)

★★★★★★
2
□□□ 民主主義の理念に従ってつくられた政治制度のもとで行 なわれる政治を何というか。

民主政治

★★★★★☆
3
□□□ 自由民による民主政治が行なわれたとされるアテネなど の、古代ギリシャの都市国家のことを何というか。

ポリス

★★★★★★
4
□□□ 国民が直接に政治運営に参加するしくみを何というか。

直接民主制(直接民主主義)

★★★★★★
5
□□□ 国民が自ら選んだ代表者(議員)を通じて、議会において 間接的に国民の意思を政治に反映させるしくみを何とい うか。

間接民主制(間接民主主義)

★★★★★★
6
□□□ 間接民主制を具体化した原理のことで、議会を通じて民 主政治を実現するという理念・原理を何というか。

議会制民主主義(代表民主主義)

★★★★★☆
7
□□□ 議会政治における議員や議会は、全国民の意思の代表で あり、代表機関であるという原則を何というか。

代表の原理(国民代表の原理)

★★☆☆☆☆
8
□□□ 議決は公開の討論を経たのちに行なうという原則を何と いうか。

審議の原理

★★★★☆☆
9
□□□ 数的多数によりその論議に決着をつける決定方式の原理 を何というか。

多数決の原理

★★★☆☆☆
10
□□□ イギリスの功利主義者ミルやトックビルが当時の社会を 批判して用いた、多数者による少数者への支配の正当化 をあらわす言葉は何か。

多数者の専制

★☆☆☆☆☆
11
□□□ 参加者が理由と根拠を交換しながら考えを深め、議論を 活発に行なう民主主義のあり方を何というか。

熟議民主主義

★☆☆☆☆☆
12
□□□ 単なる意思決定だけではなく、多様な言語集団や宗教、 人種集団などの間で合意形成をはかる民主主義のあり方 を何というか。

多極共存型民主主義(合意民主主義)

★★★★★		
13 □□□	アメリカの政治学者ダールが提唱した、政府に対する公的な異議申し立てと、広範な政治参加がともに可能な政治体制を何というか。	ポリアーキー(多元主義)
★★★★★		
14 □□□	政治権力を複数の機関に分散することで、<u>権力の濫用</u>を防止し、基本的人権の保障を実現するしくみを何というか。	権力分立制(権力分立の原理)
★★★★★		
15 □□□	国家権力を立法権・行政権・司法権に分けることで、<u>権力の濫用</u>を防ぐしくみを何というか。	三権分立
★★★★★		
16 □□□	国家権力を立法・行政・司法の三権に分け、相互関係により権力の絶対化を防ぎ、バランスを維持しようとするしくみを何というか。	権力の抑制と均衡
★★★★★		
17 □□□	すべての国家活動が憲法と法律を基準に営まれるという原則のことで、治める者も治められる者と同様に法によって拘束されるべきであるとする理念を何というか。	法の支配
★★★★☆		
18 □□□	<u>絶対王政</u>下の政治で典型的にみられた、支配者が法に拘束されることなく、法を超越して行なう政治のことを何というか。	人の支配
★★★★★		
19 □□□	政治を行なう上で、為政者は議会で定められた法律に従わなければならないという原則のことで、法の支配よりも形式や手続きの適法性が重視される考えを何というか。	法治主義
★★★★★		
20 □□□	1215年、貴族が団結して王に不当な逮捕・拘禁の制限、課税権の制限などを認めさせたものを何というか。	マグナ・カルタ(大憲章)
★★★★★		
21 □□□	13世紀のイギリスの裁判官<u>ブラクトン</u>が示した、法の支配をあらわす言葉は何か。	「国王といえども神と法のもとにある」
★★★★★		
22 □□□	イギリスにおける中世以来の慣習法を何というか。	コモン・ロー
★★★★★		
23 □□□	王権神授説に立つ<u>ジェームズ1世</u>に対しコモン・ローの優位をブラクトンの言葉を用いて主張した人物は誰か。	エドワード＝コーク(クック)

■民主政治の思想

★★★★★★ **1** □□□	国王の支配権は神から授けられたものであり、その権力は法に拘束されないとする説を何というか。	王権神授説
★★★★★★ **2** □□□	社会や国家は<u>自然状態</u>にあった個々人の契約によって成立したとする説を何というか。	社会契約説
★★★★★★ **3** □□□	人間や人間社会の本性に根差し、あらゆる時代のあらゆる社会を通じて拘束力を持つと考えられる法を何というか。	自然法
★★★★★★ **4** □□□	<u>自然法</u>上の権利で、<u>社会契約説</u>においては自然状態で、人間が生きるために持っていたと想定される権利を何というか。	自然権
★★★☆☆☆ **5** □□□	基本的人権の由来を、神が個々人に付与した権利、または人間の本性に由来するゆずることのできない自然権であるとする思想を何というか。	自然権思想（天賦人権説）
★★★★★★ **6** □□□	人間が自己保存のため、互いに契約して国家をつくったとする社会契約説を説いたイギリスの政治思想家は誰か。	ホッブズ
★★★★★★ **7** □□□	絶対的な権力を持つ国家を旧約聖書に出てくる巨大な怪獣になぞらえた、1651年に刊行されたホッブズの著作は何か。	『リヴァイアサン』
★★★★★★ **8** □□□	ホッブズが自然状態を表現した言葉は何か。自然状態では、人々は互いに名誉心・利己心のために争い合うとした。	「万人の万人に対する闘争」
★★★★★★ **9** □□□	政府は国民の<u>信託</u>によって成立するという社会契約の理論を説いたイギリスの政治思想家は誰か。	ロック
★★★★★★ **10** □□□	自然状態では、人間は自然法のもとに自由・平等で、生命・自由・財産を守る自然権を持ち、自然権をより確実にするために契約により国家をつくったと説いた、ロックの著作は何か。	『統治二論』（『市民政府二論』）
★★★★★★ **11** □□□	自然権を否定するような権力の濫用に対してロックが認めた、人民の権利を何というか。	抵抗権（革命権）
★★★☆☆☆ **12** □□□	議会によって制定された法律を具体的に執行していく権	執行権

限を何というか。

★★★★★★
13
当時の文明社会を痛烈に批判し、人民主権論をもとにした民主主義社会の実現を期待したフランスの啓蒙思想家は誰か。 | ルソー

★★★★★★
14
社会契約により人民主権に基づく国家を形成することを説いたルソーの著作は何か。 | 『社会契約論』

★★★★★★
15
ルソーがとなえた、社会公共の幸福を心がける全人民の意志を何というか。 | 一般意志

★★★★★★
16
1789年にフランス革命の中で出された、<u>基本的人権</u>の不可侵性と、その尊重を宣言した文書を何というか。 | フランス人権宣言

★★★★★★
17
立憲政治の必要性を説き<u>三権分立</u>論を主張したフランスの政治思想家は誰か。 | モンテスキュー

★★★★★★
18
各国の政治体制を比較しながら、自由と権力の均衡の重要性を説いたモンテスキューの著作は何か。 | 『法の精神』

★★★★★☆
19
ロックの政治思想を継承し自然権・社会契約論・抵抗権などの記述が盛り込まれ、1776年にアメリカで出されたイギリスからの独立を宣言した文書を何というか。 | アメリカ独立宣言

★★★★★★
20
南北戦争中の1863年に奴隷解放宣言を発表し、アメリカの統一と民主政治の推進に貢献したアメリカ第16代大統領は誰か。 | リンカン

★★★★★★
21
リンカンが<u>ゲティスバーグ演説</u>で用いた、民主主義の原理を端的にあらわした言葉は何か。 | 「人民の、人民による、人民のための政治」

■民主政治の成立と展開

★★☆☆☆☆
1
領主が家臣に土地を与え、そのかわりに軍役の義務を課すという主従関係を中核とする政治制度を何というか。 | 封建制度

★★★★☆☆
2
中世の封建体制を克服し、<u>王権神授説</u>など君主の権力を基礎として統一国家を成立させた政治体制を何というか。 | 絶対君主制（絶対王政）

★★★★★★
3
絶対君主制を倒し、議会政治の採用や市民的自由の実現などを求めた、市民階級を中心とする民衆による社会変 | 市民革命（ブルジョア革命）

	革を何というか。	
4 □□□ ★★☆☆☆☆	1628年にイギリス国王チャールズ1世の専制政治に反対して、議会が提出した文書を何というか。	権利請願
5 □□□ ★★★★★☆	1642年からイギリスで起こった、チャールズ1世の絶対王政を打倒した市民革命を何というか。	ピューリタン（清教徒）革命
6 □□□ ★★★★☆☆	1688～89年にかけて、クロムウェルの死後復活した専制政治に対して起きたイギリスの市民革命を何というか。	名誉革命
7 □□□ ★★★★☆☆	名誉革命の成功後、1689年にイギリスで制定された、王権を大幅に制限した法律を何というか。	権利章典
8 □□□ ★★★★★★	イギリスで発達した、憲法に基づいて政治が行なわれることで、個人の権利と自由を守る政治のあり方を何というか。	立憲政治（立憲主義）
9 □□□ ★★★★★★	1775～1783年にかけて、イギリス本国の植民地政策に反対して起こったアメリカの市民革命を何というか。	アメリカ独立戦争（アメリカ独立革命）
10 □□□ ★★★★★★	1789～99年にかけてフランスの絶対王政を崩壊させた市民革命を何というか。	フランス革命
11 □□□ ★★★★☆☆	1838～48年頃、イギリスで起こった世界最初の労働者による組織的な政治運動を何というか。	チャーチスト運動
12 □□□ ★★★★☆☆	<u>チャーチスト運動</u>で議会に提出された、男性普通選挙など議会の民主化を要求した請願書を何というか。	人民憲章
13 □□□ ★★★★★☆	レーニンの指導のもと起こった、「十月革命」ともいわれる世界最初の社会主義革命を何というか。	ロシア革命
14 □□□ ★☆☆☆☆☆	<u>キング牧師</u>の非暴力による運動に代表される、憲法が保障した権利の適用、実現を求めるマイノリティ（少数派）の運動全般を何というか。	公民権運動

❸ 主要国の政治体制　　　　　　　　　　　用語集 p.13～19

■政治体制

1 □□□ ★★★☆☆☆	憲法に従って君主が統治権を行使する政治形態を何というか。	立憲君主制

★★★★★★
2 □□□	議会、特に下院の信任に基づいて内閣が存立し、内閣は議会に対して責任を負う制度を何というか。	議院内閣制

★★★★★★
| 3 □□□ | 行政府の首長が、国民によって選ばれ、議会に対して高度な独立性を持つ体制を何というか。 | 大統領制 |

★★★☆☆☆
| 4 □□□ | フランスなどに代表される、大統領の指名した内閣総理大臣に議会の信任を要求する政治体制を何というか。 | 半大統領制 |

★★★★☆☆
| 5 □□□ | 個人または特定の集団や階級が、国家権力を独占して政治を行なうことを何というか。 | 独裁政治(独裁政権) |

★★★★★★
| 6 □□□ | 独裁政権ではあるが国民の政治参加や結社、政治活動は限られた範囲で認められている政治体制を何というか。 | 権威主義体制 |

■ イギリスの政治

★★★★★★
| 1 □□□ | 18世紀のイギリスで確立された、議会に最高権力があり、いかなる内容の法律も制定、改廃できるという原理を何というか。 | 議会主権 |

★★★★★★
| 2 □□□ | イギリス議会政治における国王の地位を、象徴的にあらわした言葉は何か。 | 「国王は君臨(くんりん)すれども統治せず」 |

★★★★★★
| 3 □□□ | 普通選挙によって選ばれるイギリスの議院を何というか。 | 下院(庶民院) |

★★★★★★
| 4 □□□ | 国民の選挙によらない世襲貴族・聖職者・代表貴族・法律貴族から構成される議院を何というか。 | 上院(貴族院) |

★★★★★★
| 5 □□□ | 二院制の議会において、下院の決定が優先することを保障する原則を何というか。 | 下院優越の原則 |

★★★★★☆
| 6 □□□ | 2011年にイギリスで成立した、首相の下院解散権の行使を制限した法律を何というか。なお、この法律は2022年に成立した議会解散・召集法により失効した。 | 議会任期固定法 |

★★★☆☆☆
| 7 □□□ | 現代のイギリスで、二大政党政治を展開する政党は何と何か。 | 労働党・保守党 |

★★★★★★
| 8 □□□ | イギリスの野党が政権交代に備え、野党内で構成する組織の俗称を何というか。 | 影の内閣(シャドー・キャビネット) |

★★☆☆☆☆		
9 ☐☐☐	1742年にホイッグ党が議会で少数派になった際に首相を辞任し、内閣は議会に対して責任を持つという**責任内閣制**の確立に貢献した人物は誰か。	ウォルポール

■アメリカ合衆国の政治

★★★★★☆		
1 ☐☐☐	1776年にアメリカで起草された基本的人権の保障を宣言した世界最初の成文憲法を何というか。	バージニア憲法(バージニア権利章典)
★★★☆☆☆		
2 ☐☐☐	1787年に採択され、翌年に発効された連邦憲法を何というか。	アメリカ合衆国憲法
★★★★★☆		
3 ☐☐☐	2つ以上の国または州が1つの主権のもとに結合して形成する国家のしくみを何というか。	連邦制
★★★☆☆☆		
4 ☐☐☐	共和制国家の大統領や君主制国家の君主のように、対外的に国家を代表する存在を何というか。	国家元首
★★★★★★		
5 ☐☐☐	大統領が上下両院の可決した法案を拒否できる権限を何というか。	拒否権
★★★★★★		
6 ☐☐☐	**法案提出権**がないかわりに、大統領が連邦議会に送付する国政全般についての報告と必要な法案や予算の審議を勧告する文書を何というか。	教書
★★★★★☆		
7 ☐☐☐	国民の**間接選挙**である**大統領選挙**において選出される、大統領を選出するための直接投票人を何というか。	大統領選挙人
★★☆☆☆☆		
8 ☐☐☐	選挙区で最多得票を得た陣営が、その選挙区に割り当てられたすべての議席などを獲得する方式を何というか。	勝者総取り方式
★☆☆☆☆☆		
9 ☐☐☐	2021年に、**郵便投票**を含めた期日前投票に「不正があった」と主張した**トランプ**大統領の支持者達が起こした**襲撃事件**を何というか。	連邦議会議事堂襲撃事件
★★★★★☆		
10 ☐☐☐	アメリカ合衆国の立法府である議会を何というか。	連邦議会
★★★★★★		
11 ☐☐☐	各州2人ずつ選出され、定員100人、任期6年、2年ごとに約3分の1が改選される議院を何というか。	上院(元老院)
★★★☆☆☆		
12 ☐☐☐	大統領が行なう条約の**批准**と指名人事に関して上院が持つ権限を何というか。	上院の同意権

★★★★★☆		
13 ☐☐☐	上院に対して<u>予算先議権</u>を持ち、各州の人口比で選出され、2年ごとに全議員が改選される議院を何というか。	下院(代議院)

★★★★☆☆		
14 ☐☐☐	アメリカ合衆国の司法府を統括し、<u>違憲審査権</u>を持つ最上級の裁判所を何というか。	連邦最高裁判所

★★★★☆☆		
15 ☐☐☐	アメリカ合衆国の二大政党は何と何か。	共和党・民主党

■中国の政治

★★★★★★		
1 ☐☐☐	中国における国会にあたる、年に1回開催される国家権力の最高機関である一院制の議会を何というか。	全国人民代表大会（全人代）

★★★★☆☆		
2 ☐☐☐	法律の立案・解釈、条約の批准などに大きな政治的権限を持つ全国人民代表大会の常設機関を何というか。	常務委員会

★★★★★★		
3 ☐☐☐	中国の最高の国家行政機関を何というか。首相にあたる官職は<u>総理</u>と呼ばれる。	国務院

★★★★★☆		
4 ☐☐☐	全国人民代表大会により選出され、法律の公布や国務院総理・閣僚の任免などの権限を持つ、中国の<u>元首</u>を何というか。	国家主席

★★★★★☆		
5 ☐☐☐	中国の裁判所で、最高の司法機関を何というか。	最高人民法院

★★★★★★		
6 ☐☐☐	中国の建国以来の政権政党であり、事実上の一党独裁体制を持つ政党を何というか。	中国共産党

★☆☆☆☆☆		
7 ☐☐☐	中国共産党の最高指導者のことを何というか。	総書記

■ソ連・東欧の政治

★★★☆☆☆		
1 ☐☐☐	生産手段の社会的所有により、平等な社会の実現を目指す、政党活動や思想のことを何というか。	共産主義

★★★★★☆		
2 ☐☐☐	<u>マルクス・レーニン主義</u>を指導原理とし、資本主義にかわり共産主義の実現を究極の目標とする政党を何というか。	共産党

★★★★☆☆		
3 ☐☐☐	社会主義体制の国でみられる、権力を分立させずに、全人民を代表する合議体にすべての権力を集中させるしくみを何というか。	権力集中制

★★★★★★ **4** □□□	世界初の社会主義国として1922年に成立した連邦国家を何というか。	ソ連(ソヴィエト連邦)
★★★☆☆☆ **5** □□□	1956年にソ連共産党第一書記のフルシチョフが行なった、これまでの独裁政治や反対派への粛清など対する批判を何というか。	スターリン批判
★★★★★☆ **6** □□□	ゴルバチョフ共産党書記長が行なった立て直し(再建、改革)政策の総称を何というか。	ペレストロイカ
★★★★☆☆ **7** □□□	ゴルバチョフ共産党書記長が行なった、<u>ペレストロイカ</u>と表裏一体の情報公開政策の総称を何というか。	グラスノスチ
★★★★★☆ **8** □□□	1991年12月ソ連の解体後に新設された旧ソ連の共和国により形成された国家連合体を何というか。	独立国家共同体(CIS)

■その他の政治制度

★★★☆☆☆ **1** □□□	ドイツの<u>ナチズム</u>などのように、個人の権利・自由に対して、全体の利益が優先するという政治原理を何というか。	全体主義
★★★★★★ **2** □□□	イタリアの<u>ファシスト党</u>に端を発する、暴力や思想弾圧によって国民の自由や権利を否定する政治のあり方を何というか。	ファシズム
★★★☆☆☆ **3** □□□	イタリアの<u>ファシズム</u>の指導者として1922年に政権を獲得し、ファシスト党独裁を確立した人物は誰か。	ムッソリーニ
★★★★☆☆ **4** □□□	<u>ヒトラー</u>を指導者に勢力拡大し、全権委任法や政党禁止法により独裁政権を樹立したドイツの政党を何というか。	ナチス
★★★☆☆☆ **5** □□□	第二次世界大戦中に、ナチス政権がユダヤ人などに対して行なった組織的な大量虐殺を何というか。	ホロコースト
★★★☆☆☆ **6** □□□	暗殺や粛清など、非合法的な暴力手段を用いて、政治上の目的を達成しようとすることを何というか。	テロリズム
★☆☆☆☆☆ **7** □□□	1950年代前半に、アメリカのジョセフ＝マッカーシー上院議員によって推進された反共産主義運動を何というか。「<u>赤狩り</u>」とも呼ばれる。	マッカーシズム

★★★★★★
8
□□□
大衆の利益や願望などを考慮して、大衆の支持のもとに体制側や知識人などと対決しようとする政治姿勢を何というか。

ポピュリズム

★★★★★★
9
□□□
人々を特定の思想や行動に誘導しようとする意図を持った宣伝行為を何というか。

プロパガンダ

★★★★★★
10
□□□
発展途上国によくみられる政治形態で、経済開発を名目にした、<u>軍事政権</u>や一党支配などによる強権的独裁政治のことを何というか。

開発独裁

★★★★★★
11
□□□
発展途上国によくみられる政治形態で、軍部が政治権力を握ること、または軍事力を背景にした政権のことを何というか。

軍事政権

★★★★★★
12
□□□
ミャンマー民主化運動の指導者で1991年にノーベル平和賞を受賞し、2021年2月にミャンマー国軍が起こした<u>クーデター</u>により拘束された人物は誰か。

アウン=サン=スー=チー

★★★★★★
13
□□□
フィリピンの第16代大統領を務めた政治家であり、汚職と麻薬の撲滅のために人権侵害も辞さない態度で臨むことを表明し、国際社会から非難された人物は誰か。

ドゥテルテ

★★★★★★
14
□□□
朝鮮民主主義人民共和国の指導者のことを何というか。2012年に金正恩（キムジョンウン）がその地位につき、党・国家・軍を掌握している。

最高指導者

第2章　日本国憲法と基本的人権の保障

❶ 日本国憲法の制定と基本原理　　用語集 p.20〜29

■大日本帝国憲法

★★★★★★★ **1** □□□	明治時代前半、板垣退助らを中心に憲法制定や国会開設を要求し、政府を批判した政治運動を何というか。	自由民権運動
★★★★★★★ **2** □□□	国民主権、一院制議会、抵抗権の保障などを盛り込んだ、植木枝盛が起草したとされる私擬憲法を何というか。	東洋大日本国国憲按
★★★★★★★ **3** □□□	東京の五日市の自由民権運動家である千葉卓三郎が起草した私擬憲法を何というか。	五日市憲法草案
★★★★★★★ **4** □□□	プロイセン憲法を模範として、ドイツ型立憲主義を採用した日本の欽定憲法を何というか。	大日本帝国憲法（明治憲法）
★★★★★★★ **5** □□□	君主の権威により制定された君主主権の憲法を何というか。「民定憲法」と対になる言葉。	欽定憲法
★★★★★★★ **6** □□□	表面上は立憲主義の形態をとっているが、実際には、立憲主義を否定する統治形態を何というか。	外見的立憲主義
★★★★★★★ **7** □□□	市民革命を通じて確立した国民主権・基本的人権の尊重・権力分立などの原則を持った憲法を何というか。	近代憲法
★★★★★★★ **8** □□□	国家意思の最終的、最高の決定権は天皇にあるとする、大日本帝国憲法の基本原理を何というか。	天皇主権
★★★★★★★ **9** □□□	大日本帝国憲法で定められた、立法・司法・行政のすべてを行使することのできる権限を何というか。	統治権
★★★★★★★ **10** □□□	広義では天皇の統治権を指し、狭義では帝国議会や裁判所を経ずに、天皇が単独で行使できる権能を何というか。	天皇大権
★★★★★★★ **11** □□□	帝国議会が閉会中、緊急の必要により天皇が発する法律と同じ効力を持つ命令を何というか。	緊急勅令
★★★★★★★ **12** □□□	軍隊を指揮、命令する権限のことを何というか。大日本帝国憲法では、この権限を帝国議会や内閣から独立させ、天皇に直属させていた。	統帥権

★★★★★★	
13 ☐☐☐ 大日本帝国憲法で認められた天皇の恩恵によって与えられた人民の諸権利を何というか。	臣民の権利
14 ☐☐☐ 大日本帝国憲法における人権が法律によって容易に制限、侵害ができることを何というか。	法律の留保
15 ☐☐☐ 大日本帝国憲法において、天皇の権限行使に対する国務大臣（内閣）の助言のことを何というか。	輔弼
16 ☐☐☐ 大日本帝国憲法における、内閣総理大臣の地位を何というか。	同輩中の首席
17 ☐☐☐ 衆議院と貴族院からなる、大日本帝国憲法に基づく立法機関を何というか。	帝国議会
18 ☐☐☐ 大日本帝国憲法において、帝国議会は統治権の総攬者である天皇の持つ立法権に何を行なう機関であるとされたか。	協賛
19 ☐☐☐ 大日本帝国憲法における議院で、皇族・華族・勅選議員・多額納税者議員などで構成された議院を何というか。	貴族院
20 ☐☐☐ 憲法に規定された天皇の最高諮問機関を何というか。	枢密院
21 ☐☐☐ 大日本帝国憲法下では最高司法裁判所であった、東京に設置された司法機関を何というか。	大審院
22 ☐☐☐ 軍事力を国家の中核とし、政治・経済・教育などを、国家に従属させようとする体制を何というか。	軍国主義
23 ☐☐☐ 1900（明治33）年に公布された、集会・結社・言論の自由や労働運動を取り締まるための法律を何というか。	治安警察法
24 ☐☐☐ 1925（大正14）年に普通選挙法とともに制定された、反体制運動や社会主義運動を取り締まるための法律を何というか。	治安維持法
25 ☐☐☐ 第二次世界大戦のうち、1941（昭和16）年の日本軍によるマレー半島上陸、ハワイ真珠湾攻撃で始まった、連合国側との戦争を何というか。	太平洋戦争

■日本国憲法の成立

★★★★★★
1
□□□ 日本政府が1945（昭和20）年8月14日に受諾し、それに基づいて占領政策が実施された、日本に降伏を求める宣言（文書）を何というか。

ポツダム宣言

★★★★★★
2
□□□ <u>ポツダム宣言</u>に基づき、日本の占領行政のために設けられた連合国軍の組織を何というか。

連合国軍最高司令官総司令部（GHQ）

★★★★★★
3
□□□ 連合国軍最高司令官として、経済民主化や日本国憲法制定など、戦後日本の重要な改革を推進した人物は誰か。

マッカーサー

★★★☆☆☆
4
□□□ 幣原喜重郎内閣のもとで、大日本帝国憲法の改正を検討するために設置された委員会を何というか。

憲法問題調査委員会

★★★☆☆☆
5
□□□ 天皇主権を温存するものとしてGHQに否定された憲法改正案の名前にもなっている、<u>憲法問題調査委員会</u>の委員長は誰か。

松本烝治

★★★★★☆
6
□□□ マッカーサーがGHQ民政局に独自の憲法草案作成を指示した際の三原則は何か。

天皇は国家の元首、戦争の放棄・非武装・交戦権の否認、封建制の廃止

★★★★★★
7
□□□ 憲法改正案の元となった、GHQによって日本政府に示された憲法改正草案を何というか。

マッカーサー草案（GHQ草案）

★★★★★☆
8
□□□ 憲法改正案が審議され、可決された議会は第何回の、何という議会か。

第90帝国議会

★★★★★★
9
□□□ 日本国憲法に盛り込まれた三大原理は何か。

国民主権・基本的人権の尊重・平和主義

■国民主権

★★★★★★
1
□□□ 国家の政治権力は国民に由来し、従って政治のあり方を最終的に決定する権力は、国民にあるという考え方を何というか。

国民主権

★★★★★☆
2
□□□ 国民によって直接、または国民から選挙された代表者を通じて制定された憲法を何というか。<u>欽定憲法</u>と対になる言葉。

民定憲法

★★★★★★ 3 □□□	憲法第1条において、天皇は何と位置づけられているか。	「日本国民統合の象徴」(「日本国の象徴」)
★★★★★★ 4 □□□	憲法第7条に定められた天皇が行なう形式的、儀礼的行為を何というか。	国事行為
★★★★★★ 5 □□□	憲法第3条で、天皇のすべての国事行為に対して必要であるとされている内閣の行為を何というか。	助言と承認

■基本的人権の尊重

★★★★★★ 1 □□□	人間として当然に有し、国家といえども侵すことのできない権利を何というか。	基本的人権
★★★★★★ 2 □□□	個人を社会生活、国家生活において、最大限に尊重しようとする原理を何というか。	個人の尊重
★★★★★★ 3 □□□	社会全体の幸福と利益を指し、各個人が人権を確保するために、相互に矛盾、衝突を起こした場合、それらを隔たりなく平等に調整するための原理を何というか。	「公共の福祉」
★★★★★☆ 4 □□□	憲法第13条に定められている、個人の尊厳保護のために、国家が最大限に尊重しなければならない国民の権利を何というか。	幸福追求の権利(生命・自由・幸福追求の権利)
★★★★★★ 5 □□□	国家権力の不当な介入や干渉を排除し、各人の自由を保障する権利で「国家からの自由」とも呼ばれる権利を何というか。	自由権的基本権(自由権)
★★★★★☆ 6 □□□	すべての人間が等しく扱われることを要求する権利を何というか。	平等権

■平和主義

★★★★★★ 1 □□□	日本国憲法の特色の1つであり、平和に第一義的な価値を見い出す世界観を何というか。	平和主義
★★★★★★ 2 □□□	国民が平和のうちに生存することのできる権利を何というか。	平和のうちに生存する権利(平和的生存権)

★★★★★★ 3 □□□	日本国憲法において、前文以外に平和主義の原則が示されている条文は第何条か。	憲法第9条
★★★★★★ 4 □□□	戦力の不保持及び国の交戦権の否認とともに憲法9条に定められた原則を何というか。	戦争の放棄
★★★★★★ 5 □□□	憲法第9条1項において国際紛争を解決する手段として禁止されているのは、国権の発動たる戦争と、武力による威嚇と何か。	「武力の行使」
★★★★★★ 6 □□□	陸・海・空軍など、戦争を行なう目的と機能を持つ軍事力のことを何というか。	戦力
★★★★☆☆ 7 □□□	他国による緊急、不当な侵害から自国を防衛するために実力を行使する権利を何というか。	自衛権
★★★☆☆☆ 8 □□□	日本が自衛隊を保持するにあたって、政府が示した「憲法上保持できる自衛力」をあらわした言葉は何か。	自衛のための必要最小限度の実力
★☆☆☆☆☆ 9 □□□	国家の自衛権に基づく武力行使が認められる条件を何というか。2014（平成26）年の第2次安倍内閣の閣議決定により、存立危機事態に関する文言が加えられた。	自衛権発動の三要件

■憲法の最高法規性と改正

★★★★★★ 1 □□□	日本国憲法第98条において用いられている、憲法を法秩序の頂点に据えていることを意味する言葉は何か。	最高法規
★★★★★★ 2 □□□	法律と同じ手続きで改正できる憲法を「軟性憲法」というのに対し、法律の改正手続きよりも改正要件の厳しい憲法を何というか。	硬性憲法
★★★★★★ 3 □□□	日本国憲法第96条において定められている、憲法改正の際に国会の発議を受けて実施されるものは何か。	憲法改正の国民投票
★★★★★★ 4 □□□	2007（平成19）年5月に制定された国民投票について定めた法律を何というか。	国民投票法
★★★☆☆☆ 5 □□□	国民投票法の成立を受けて、それまでの憲法調査会にかわり、新たに衆参両院に設置された機関を何というか。	憲法審査会

❷ 自由権的基本権と法の下の平等

用語集 p.29〜39

■ 精神の自由

★★★★★★ 1 □□□	身体の自由、経済の自由とともに自由権的基本権を構成するものは何か。	精神の自由（精神的自由権）
★★★★★★ 2 □□□	人間の内面の思想、信条や道徳的価値観は、権力が干渉することができないという原理を何というか。	「思想及び良心の自由」
★★★★★☆ 3 □□□	学生運動歴を秘匿していたとして、本採用を拒否された原告が、思想・信条を理由とする解雇の無効を求めた事件を何というか。	三菱樹脂事件
★☆☆☆☆☆ 4 □□□	憲法の人権規定の効力は、憲法のもとに制定される私法を通して私人間に適用すべきとする説を何というか。対になる言葉は直接適応説。	間接適応説
★★★★★★ 5 □□□	信仰や布教、宗教的結社の自由などが含まれる、宗教の自由を意味する言葉は何か。	「信教の自由」
★★★★★★ 6 □□□	個人の信教の自由を保障し、国家と宗教の結びつきを禁止する原則を何というか。	政教分離
★★★★★★ 7 □□□	愛媛県が靖国神社に支出した玉串料などを公費で負担したのは、政教分離に違反するとして争われ、違憲判決が出た訴訟を何というか。	愛媛玉串料違憲訴訟
★★★★★☆ 8 □□□	三重県津市で行なわれた市立体育館の起工式を神式の儀式で行ない、その費用を公金で支出したことが政教分離の原則に違反するとして争われた訴訟を何というか。	津地鎮祭訴訟
★★★☆☆☆ 9 □□□	国家の行為が宗教的活動にあたるか否かは、その行為の目的と効果の両方を考慮し判断するという考えを何というか。	目的効果基準
★★★★★☆ 10 □□□	北海道砂川市が市有地を空知太神社へ無償提供したことが、宗教的な活動にあたるかどうか争われた訴訟を何というか。	空知太神社訴訟
★★★★★★ 11 □□□	言論、出版、集会、結社などの自由を総称して何というか。	「表現の自由」

★★★★★★ 12 □□□	通信物や電信、電話などの通信内容が、他人や公の機関によってみられたり、聞かれたりしないことを何というか。	通信の秘密
★★★★★★ 13 □□□	公権力が、外部に発表されるべき思想の内容を審査し、場合によっては、発表を禁止する権限を何というか。	検閲（けんえつ）
★★★★☆☆ 14 □□□	日本史の教科書執筆者が、<u>教科書検定</u>は憲法違反であるとして国側と争った訴訟を何というか。	家永教科書訴訟（いえなが）
★★★☆☆☆ 15 □□□	新聞・放送などの機関が、自由に情報伝達を行なうことができる権利で、国民の<u>知る権利</u>を支える意義がある権利を何というか。	報道の自由
★★★★★★ 16 □□□	学問の研究や発表を行ない、成果を教える自由のことを何というか。	「学問の自由」
★★★☆☆☆ 17 □□□	1952（昭和27）年、東京大学の学生団体が演劇発表会を行なった際、学生が会場にいた私服警官を暴行し、学問の自由と大学の自治が問題となった事件を何というか。	ポポロ事件
★★★★☆☆ 18 □□□	経済活動の自由に対する規制は、<u>公共の福祉</u>のために、精神の自由に対してよりもゆるやかな基準で判断すべきであるとする考えは何か。	二重の基準の理論

■人身の自由

★★★★★★ 1 □□□	正当な理由なしに、身体活動を拘束されない自由のことで、ほかの自由権の基盤となる権利を何というか。	人身の自由（身体の自由）
★★★★★★ 2 □□□	法律の定める手続によらなければ、生命や自由を奪ったり、刑罰を科せられたりしないとする原則を何というか。	法定手続きの保障（適正手続主義）
★★★★★★ 3 □□□	何が犯罪であり、どのような刑罰が科せられるかは、法律で事前に定められなければならないという原則を何というか。	罪刑法定主義
★★★★★☆ 4 □□□	犯罪事実が明らかでないときは、刑事被告人に無罪を言い渡すという刑事訴訟上の原則を何というか。	無罪の推定
★★★★★★ 5 □□□	逮捕や住居侵入など、犯罪捜査のための強制処分には裁判官または裁判所の<u>令状</u>を必要とするという原則を何と	令状主義

いうか。

★★★★★★
6
□□□ <u>被疑者</u>または<u>被告人</u>に自白(じはく)を強いる目的で、肉体的苦痛を加えることを禁じることを何というか。　→ 拷問(ごうもん)の禁止

★★★★★★
7
□□□ <u>逮捕</u>に引き続く一時的な身柄の拘束のことを何というか。　→ 抑留(よくりゅう)

★★★★★★
8
□□□ 比較的長い期間にわたる身柄の拘束のことを何というか。刑事訴訟法上は<u>勾留(こうりゅう)</u>といい、被疑者の逃亡や証拠隠滅の恐れがあるなど、正当な理由が必要となる。　→ 拘禁(こうきん)

★★★★★★
9
□□□ <u>抑留</u>、<u>拘禁</u>された者及び刑事被告人が弁護人を依頼する権利を何というか。　→ 弁護人依頼権

★★★★★★
10
□□□ 刑事<u>被告人</u>及び刑事事件で勾留された<u>被疑者</u>が、貧困などで自ら弁護人を選任できない場合に、国の費用で選任する弁護人を何というか。　→ 国選弁護人

★★★★★★
11
□□□ 刑事裁判が確定していない被疑者や刑事被告人と、死刑の言い渡しを受けた者を収容するための法務省の施設を何というか。　→ 拘置所(こうちしょ)

★★★★★★
12
□□□ 逮捕された被疑者を拘束するための警察署の施設を何というか。　→ 留置場(りゅうちじょう)

★★★★★★
13
□□□ 監獄として代用されている警察署に付属する<u>留置場</u>のことを何というか。　→ 代用刑事施設

★★★★★★
14
□□□ ある行為をしたときには法律がなかったのに、あとで法律を定めてその行為を罰してはならないという原則を何というか。　→ 遡及(そきゅう)処罰の禁止

★★★★★★
15
□□□ 同一の事件については、同じ罪状で再び裁判をしてはならないという原則を何というか。　→ 一事不再理(いちじ)

★★★★★★
16
□□□ 死刑廃止を目的として1989年、国際連合総会で採択された条約を何というか。日本は採択に反対した。　→ 死刑廃止条約

■経済活動の自由

★★★★★★
1
□□□ 国民の経済活動の自由を保障する権利を何というか。<u>公共の福祉</u>による制限がかけられることがある。　→ 経済的自由権

★★★★☆☆		
2 ☐☐☐	人が住みたいところに住み、希望するところに移転する自由のことを何というか。	居住・移転の自由
★★★★★★		
3 ☐☐☐	選択した職業を自由に営める<u>営業の自由</u>も含め、誰でも好きな職業を選択できる自由を何というか。	職業選択の自由
★★★★★★		
4 ☐☐☐	<u>財産権</u>について、国家及び他者が侵害してはならないという原則を何というか。	財産権の保障

■法の下の平等

★★★★★★		
1 ☐☐☐	すべての人は、法的に等しく扱われなければならないとする原則を何というか。	「法の下の平等」
★★★★★☆		
2 ☐☐☐	憲法第24条に定められた、性別にかかわらず、すべての人間の尊厳が認められなければならない理念を何というか。	「両性の本質的平等」
★★★☆☆☆		
3 ☐☐☐	不平等や不公平を是正して結果を等しくするために、人の属性に応じて法律上の取り扱いに差を設ける考え方を何というか。	実質的平等(結果の平等)
★★★☆☆☆		
4 ☐☐☐	人の性質や、その置かれた環境、立場などを考慮せず、法的に同一の取り扱い、平等に機会を与える考え方を何というか。	形式的平等(機会の平等)
★★☆☆☆☆		
5 ☐☐☐	マイノリティに対して、<u>実質的平等</u>を実現することを目的とした差別撤廃措置を何というか。	積極的差別是正措置(ポジティブ・アクション)
★★★★★★		
6 ☐☐☐	男女雇用機会均等法を制定する直接の動機となった、女子に対する差別の撤廃に関する条約を何というか。	女子差別撤廃条約
★★★☆☆☆		
7 ☐☐☐	夫婦が望む場合に、結婚後も夫婦がそれぞれ結婚前の名字を称することを認める制度を何というか。	選択的夫婦別姓
★★★★★☆		
8 ☐☐☐	すべての国民が、その能力に応じて等しく教育の機会を与えられる原則を何というか。	教育の機会均等
★★★★★★		
9 ☐☐☐	近世初期以来、賤民身分の居住地であることを理由に行なわれてきた差別を何というか。	部落差別

★★★★☆☆
10 □□□ 同和対策審議会の答申に基づいて、1969(昭和44)年に制定された部落差別の解消を目指す法律を何というか。 | 同和対策事業特別措置法

★★★★☆☆
11 □□□ 時限立法として制定された人権擁護施策推進法が2002(平成14)年に失効した後、2016(平成28)年に施行された部落差別の解消を目指す法律を何というか。 | 部落差別解消推進法

★★★★☆☆
12 □□□ 日本に住む定住外国人に対する差別を何というか。日常生活におけるサービスの提供拒否やヘイトスピーチなどがこれにあたる。 | 在日外国人差別

★★★★★☆
13 □□□ 日本以外の国や地域出身者などに対する不当な差別的言動の解消に向けた取り組みについて定めた法律を何というか。 | ヘイトスピーチ解消法

★★★★★★
14 □□□ アイヌの人々の民族としての誇りが尊重される社会の実現を目的として1997(平成9)年5月に制定された法律を何というか。 | アイヌ文化振興法

★★★★★☆
15 □□□ アイヌ文化振興法にかわって2019(令和元)年5月に施行され、アイヌ民族を初めて先住民族と明記した法律を何というか。 | アイヌ民族支援法(アイヌ新法)

★★★★★★
16 □□□ 障がい者であることから、人権を無視され、社会生活への参加が阻まれている差別を何というか。 | 障がい者差別

★★☆☆☆☆
17 □□□ ハンセン病について強制隔離を定めた「らい予防法」によって隔離されてきた国立ハンセン病療養所の入所者が、1998(平成10)年に国を相手どって起こした訴訟を何というか。 | ハンセン病国家賠償訴訟

★★★★☆☆
18 □□□ レズビアン・ゲイ・バイセクシャル・トランスジェンダーの頭文字からなる、性的マイノリティをあらわす総称の1つは何か。 | LGBT

★★☆☆☆☆
19 □□□ すべての人の性自認と性的指向の権利を保障しようとする考えを何というか。 | SOGI

★★★☆☆☆
20 □□□ 性別違和(性別不合)を持つ者で、特定の要件を満たせば戸籍上の性別記載を変更できることを定めた法律を何というか。 | 性同一性障害者特例法

★★★☆☆ **21** ☐☐☐	同性カップルを「結婚に相当する関係」と認める条例を何というか。	同性パートナーシップ条例
★☆☆☆☆ **22** ☐☐☐	2000（平成12）年に制定された、<u>児童虐待</u>の禁止やその予防及び早期発見などを定めた法律を何というか。	児童虐待防止法

❸ 社会権的基本権と参政権・請求権　　　用語集 p.39〜42

■社会権

★★★★★★ **1** ☐☐☐	すべての国民が、人間たるに値する生活を営む権利を何というか。	社会権的基本権（社会権）
★★★★★★ **2** ☐☐☐	1919年に制定された「ドイツ共和国憲法」の通称で、社会権的基本権の保障を初めて規定した憲法を何というか。	ワイマール憲法
★★★★★★ **3** ☐☐☐	社会権の一種で、人間の尊厳にふさわしい生活を営む権利を何というか。	生存権
★★★★★★ **4** ☐☐☐	<u>生存権</u>を規定する日本国憲法の条文は第何条か。	憲法第25条
★★★★★★ **5** ☐☐☐	憲法第25条で保障された生存権の内容、程度を定めた言葉は何か。	「健康で文化的な最低限度の生活」
★★★★★★ **6** ☐☐☐	朝日茂さんが、国の生活保護の給付内容が不十分で、憲法第25条に違反するとして起こした訴訟を何というか。	朝日訴訟
★★★★★★ **7** ☐☐☐	堀木フミ子さんが、児童扶養手当法（改正前）の障害福祉年金と児童扶養手当の併給を禁止した規定は、憲法第25条に違反するとして起こした訴訟を何というか。	堀木訴訟
★★★★★★ **8** ☐☐☐	生存権の規定は、国の「努力目標」であり、具体的な権利を保障するものではないとする説を何というか。	プログラム規定説
★★★★★☆ **9** ☐☐☐	生存権の規定は個人に対して具体的な権利内容を定めたものであり、救済を受けることができるとする説を何というか。	法的権利説
★★★★★★ **10** ☐☐☐	労働者の経済的・政治的・社会的地位の向上をはかるために認められている社会権的基本権の１つを何というか。	労働基本権
★★★★★★ **11** ☐☐☐	労働する意思と能力を持つ者が、国に労働の機会を要求することができる権利を何というか。	勤労の権利

★★★★★★		
12 □□□	労働者に対して保障する基本的な３つの権利（団結権・団体交渉権・団体行動権）を何というか。	労働三権
★★★★★★		
13 □□□	労働者が団結して労働組合をつくる権利を何というか。	団結権
★★★★★★		
14 □□□	労働者の労働条件・待遇の改善と向上のため、労働組合が使用者または使用者団体と交渉する権利を何というか。	団体交渉権
★★★★★★		
15 □□□	団体交渉で労使の交渉がまとまらないとき、労働組合がストライキなどの争議行為を行なう権利を何というか。	団体行動権
★★★★★★		
16 □□□	社会的基本権の１つであり、義務教育の無償を定め、保障している権利を何というか。	教育を受ける権利（教育権）
★★★★☆☆		
17 □□□	1947（昭和22）年に制定された、教育の機会均等・義務教育制・男女共学及び義務教育費の無償などが定められた法律を何というか。	教育基本法

■参政権・請求権

★★★★★★		
1 □□□	「国家への自由」ともいう、国民が政治に参加する権利を何というか。	参政権
★★★★☆☆		
2 □□□	国民の基本的人権を確保するための権利で、権利や自由の侵害を救済するための権利を何というか。	請求権
★★★★★★		
3 □□□	国や地方公共団体に対して、人権侵害に対する苦情やその是正を訴える権利を何というか。	請願権
★★★★★★		
4 □□□	請求権の１つで、自己の利益や権利を侵害された場合、裁判に訴えることができる権利を何というか。	裁判を受ける権利
★★★★★☆		
5 □□□	公務員の不法行為などにより被った損害の賠償を、国や地方公共団体に求めることができる権利を何というか。	国家賠償請求権
★★☆☆☆☆		
6 □□□	他人の行為によって損害を被った場合に、その相手に対して損害を償うよう求める権利を何というか。	損害賠償請求権
★★★★★★		
7 □□□	刑事事件の裁判で無罪が確定した場合は、国に金銭の形で補償を求めることができる権利を何というか。	刑事補償請求権
★★★☆☆☆		
8 □□□	2000（平成12）年に成立した、犯罪による被害者と、その	犯罪被害者保護法

家族を保護することを目的とする法律を何というか。

❹ 現代社会と新しい人権　　　　　　　　　　　　用語集 p.42～45

★★★★★★
1
□□□ 憲法には明記されていないが、社会の大きな変化の中で新たに生まれた人権を総称して何というか。

新しい人権

★★★★★★
2
□□□ 国民が、必要な情報を自由に知ることができるという権利を何というか。この権利に対応して情報公開制度がある。

知る権利

★★★☆☆☆
3
□□□ 日米間で沖縄返還交渉中の1971（昭和46）年に、外務省の秘密文書が持ち出され、新聞記者の手に渡った事件を何というか。

外務省公電漏洩事件

★★★★★★
4
□□□ 政府の説明責任を明らかにし、中央官庁の行政文書の原則公開を義務づける法律を何というか。

情報公開法

★★★★☆☆
5
□□□ 日本の安全保障に関する情報のうち、特に漏洩することで支障を与える恐れがあるものの保護を定めた法律を何というか。

特定秘密保護法

★★★★★★
6
□□□ 言論の自由を実現するために、マス・メディアを開かれたものにし、市民がそれに参入し利用する権利を何というか。

アクセス権

★★★★★★
7
□□□ 個人の私的な生活を、みだりに公開されない権利を何というか。

プライバシーの権利

★★★★★★
8
□□□ 元外務大臣が、三島由紀夫の小説により、プライバシーを侵害されたとして訴えた事件を何というか。

『宴のあと』事件

★★★★★★
9
□□□ 小説のモデルとなった女性が、名誉毀損やプライバシーの侵害を訴え、作者と発行出版社に損害賠償、出版差し止めを求めた事件を何というか。

『石に泳ぐ魚』事件

★★★★★★
10
□□□ 高度情報化社会の進展に伴って1988（昭和63）年に制定された、個人のプライバシーを保護するため法律を何というか。

個人情報保護法

★★★★★★
11
□□□ 重要な組織犯罪を捜査するために、電話などの傍受などができるとする制度を定める法律を何というか。

通信傍受法

★★★★★★

12
□□□

前身の法律から2017（平成29）年に改正され、テロなどの組織的な犯罪に対して、実行前段階での処罰が可能となった法律を何というか。

改正組織犯罪処罰法（テロ等準備罪法）

★★★★★★

13
□□□

2002（平成14）年からスタートした住民の住所・氏名・性別・生年月日をコンピュータで管理するシステムを何というか。

住民基本台帳ネットワーク

★★★★★☆

14
□□□

2016（平成28）年から運用が始まった、社会保障・税番号制度を何というか。

マイナンバー制度

★★★★★☆

15
□□□

インターネット上の個人情報、プライバシー侵害情報、誹謗中傷などを削除してもらう権利を何というか。

忘れられる権利

★★★★★★

16
□□□

清浄な水や空気、日照、静けさなど、人間の生存にとって必要な生活環境が確保される権利を何というか。

環境権

★★★★☆☆

17
□□□

環境権の１つで、住宅環境にとって重要である太陽の光が確保される権利を何というか。

日照権

★★★★☆☆

18
□□□

環境権の１つで、社会生活での騒音公害などを避け、よりよい環境のもとで、平穏に生活する権利を何というか。

静穏権

★★☆☆☆☆

19
□□□

自然の風景や歴史的、文化的な風景を受け入れ、味わう権利を何というか。

景観権

★★★☆☆☆

20
□□□

たばこの煙によって汚染されていない清浄な空気を呼吸する権利を何というか。

嫌煙権

★★★☆☆☆

21
□□□

生命や自由、名誉など、個人の人格的利益を保護するための権利のことを何というか。<u>肖像権</u>もこの権利の１つ。

人格権

★★★★★☆

22
□□□

患者が、どのような医療を受けるかを自分で決定する権利を何というか。

患者の自己決定権

★★★★★★

23
□□□

医師は治療法などについて患者に説明する義務を持ち、患者や家族の同意を得るべきだとする考えを何というか。

インフォームド・コンセント

★☆☆☆☆☆

24
□□□

臓器移植や安楽死・尊厳死、<u>代理出産</u>など医学や生命科学の発展に伴って問われるようになった、生命の研究やその応用が人権上どこまで許されるかを考えるものを何というか。

生命倫理（バイオエシックス）

★★★★★ 25 ☐☐☐	憲法第99条に規定されている、公務員などが憲法を遵守し、人権を守る義務を何というか。	憲法尊重擁護義務
★★★★★ 26 ☐☐☐	日本国憲法に規定されている国民の三大義務は何か。	普通教育を受けさせる義務・勤労の義務・納税の義務

❺ 日本の安全保障

■自衛隊

★★★★★★ 1 ☐☐☐	現在の自衛隊の前身であり、朝鮮戦争を機に、GHQの指令で設けられた組織を何というか。	警察予備隊
★★★★★★ 2 ☐☐☐	1952(昭和27)年に警察予備隊を改編して新たに創設された組織を何というか。	保安隊
★★★★★★ 3 ☐☐☐	1954(昭和29)年に保安隊にかわって創設された、「わが国を防衛することを主たる任務」とする組織を何というか。	自衛隊
★★★★★★ 4 ☐☐☐	1954(昭和29)年6月に制定された自衛隊の任務やその権限などを定めた法律を何というか。	自衛隊法
★★★☆☆☆ 5 ☐☐☐	国防と自衛隊の管理と運営にあたる中央省庁を何というか。	防衛省
★★★☆☆☆ 6 ☐☐☐	自衛隊の強化を目的とした計画を何というか。	防衛力整備計画
★★★★☆☆ 7 ☐☐☐	日本の防衛は、もっぱら相手側の攻撃から自国領土を防衛することに徹するという方針を何というか。	専守防衛
★★★★★★ 8 ☐☐☐	北海道の牧場経営者が、自衛隊の騒音に抗議し、自衛隊の通信連絡線を切断した事件を何というか。	恵庭事件
★★★★★★ 9 ☐☐☐	自衛隊の地対空ミサイル発射基地をつくるために保安林を解除したことに対して、地元住民がその取り消しを求めて起こした訴訟を何というか。	長沼ナイキ基地訴訟
★★★★★☆ 10 ☐☐☐	茨城県にある航空自衛隊基地予定地の土地所有をめぐり、土地売買無効と自衛隊の違憲を訴えた裁判を何というか。	百里基地事件
★★★☆☆☆ 11 ☐☐☐	他国から日本への武力攻撃時に、自衛隊をはじめ政府諸	有事法制(有事立法)

28 第2章 日本国憲法と基本的人権の保障

	機関が支障なく行動できるよう整備しておく法令を何というか。	
★★★★★★ 12 □□□	有事の際、国や地方公共団体が、国民の避難誘導、医療などの救援などの活動を行なうことを明記した法律を何というか。	国民保護法
★★★★★★ 13 □□□	冷戦後の国際秩序維持への貢献のため、1992（平成4）年に成立した自衛隊の国連平和維持活動への参加に関する法律を何というか。	国連平和維持活動協力法（PKO協力法）
★★★☆☆☆ 14 □□□	自衛隊がPKOに参加するにあたり「武器の使用は、必要最小限に限られる」などが示された原則を何というか。	PKO参加五原則
★★★★★★ 15 □□□	非軍人である文民が、軍隊の指揮権、統制権を持つことを何というか。日本では、自衛隊の最高指揮監督権を内閣総理大臣が持つ。	文民統制（シビリアン・コントロール）
★★★★★☆ 16 □□□	2013（平成25）年に設置された、日本の外交や安全保障の意思決定を迅速に行なうための司令塔となる組織を何というか。	国家安全保障会議
★★★★★☆ 17 □□□	人間1人ひとりに着目し、環境破壊、人権侵害、難民、貧困などの人間の生存や尊厳を脅かす脅威に取り組もうとする考えを何というか。	人間の安全保障

■日本の安全保障の展開

★★★★★★ 1 □□□	1951（昭和26）年にサンフランシスコ平和条約の調印にあわせて日米間で結ばれた、日本の安全及び極東における国際平和に寄与することを目的とした条約を何というか。	日米安全保障条約（日米安保条約）
★★★★★★ 2 □□□	1957（昭和32）年、東京都立川市のアメリカ軍基地の拡張に対する基地周辺住民の反対運動を何というか。	砂川事件
★★★★☆☆ 3 □□□	日米安全保障条約の改定・強化の目的で、1960（昭和35）年に締結された条約を何というか。アメリカ軍の日本防衛義務を明記した。	新日米安全保障条約（新日米安保条約）
★★★★☆☆ 4 □□□	安保条約改定の際、与党自由民主党が強行採決を行なったことに対して起きた激しい反対運動を何というか。	安保（反対）闘争

★★★★★☆ **5** ☐☐☐	アメリカ軍の日本駐留に伴う具体的な内容について規定した行政協定を何というか。この協定により、アメリカ軍関係者の犯罪行為に日本側で十分な捜査ができないという批判がある。	日米地位協定
★★★★★★ **6** ☐☐☐	アメリカ軍の配置や装備の重要な変更などについて、日米両政府間で行われる話し合いを何というか。	事前協議
★★★★★★ **7** ☐☐☐	自国への外部からの侵攻に対して、自国を防衛するために実力を行使する国家の権利を何というか。	個別的自衛権
★★★★★★ **8** ☐☐☐	同盟関係にある他国が武力攻撃を受けたときに、それを自国の安全に対する脅威とみなして、実力を行使する権利を何というか。	集団的自衛権
★★★★★★ **9** ☐☐☐	憲法の明文は変更せずに、条文の解釈を変更して、事実上、憲法をかえていくことを何というか。	解釈改憲
★★★★★★ **10** ☐☐☐	1978(昭和53)年に日米間で合意された日米防衛協力のための指針を何というか。	ガイドライン
★★★★★☆ **11** ☐☐☐	日米安全保障共同宣言に基づいて見直され、1997(平成9)年に周辺事態への協力が盛り込まれた日米防衛協力の指針は何か。2015(平成27)年の改定では日本による集団的自衛権の行使事例も示された。	新ガイドライン
★★★★★☆ **12** ☐☐☐	新ガイドラインに基づいて整備された、日本周辺での武力衝突に対して、自衛隊のアメリカ軍への支援を可能にした1997(平成9)年の法律を何というか。	周辺事態法
★★★★★★ **13** ☐☐☐	周辺事態に際して、日本の領域や非戦闘地域である日本周辺の公海やその上空において行なうアメリカ軍に対する支援活動を何というか。	後方地域支援活動
★★★★★★ **14** ☐☐☐	日本の防衛予算に計上されている在日アメリカ軍の駐留経費負担金のことを何というか。	思いやり予算
★★★★★★ **15** ☐☐☐	核兵器は「持たず、作らず、持ち込ませず」という、日本政府の核兵器に関する基本方針を何というか。	非核三原則
★★★★★☆ **16** ☐☐☐	毎年1回、原水爆禁止日本協議会が主催する原水爆禁止や世界平和の実現を目指す世界大会を何というか。	原水爆禁止世界大会

★★★★★☆

17
□□□ 2001年のアメリカ同時多発テロを受けて、アメリカがアフガニスタンで行なう対テロ戦争の<u>後方支援</u>を定めた法律を何というか。

テロ対策特別措置法

★★★★★★

18
□□□ 2003(平成15)年に成立した、日本が他国からの武力攻撃を受けた際の対処法を定めた法律を何というか。

武力攻撃事態法

★★★★★☆

19
□□□ 2003年にアメリカが始めたイラク戦争を受けて2003(平成15)年に成立した、イラクの非戦闘地域への自衛隊の派遣を可能にした時限特別立法を何というか。

イラク復興支援特別措置法

★★★★★☆

20
□□□ 2015(平成27)年9月に成立した、外国軍への後方支援の内容拡大や<u>駆けつけ警護</u>や集団的自衛権の一部行使を認めた法律の総称を何というか。

安全保障関連法

❶ 日本の政治機構と国会

用語集 p.53〜59

■国会の組織と運営

★★★★★★
1
日本国憲法では<u>国会</u>が持つとされている、国家が法を制定する作用や権限を何というか。

立法権

★★★★★★
2
日本国憲法では<u>内閣</u>に属するとされている、立法を執行する権限を何というか。

行政権

★★★★★★
3
日本国憲法では裁判所が持つとされている、法を適用し、民事紛争や刑事事件を解決する権限を何というか。

司法権

★★☆☆☆☆
4
国民によって選挙された議員からなる国会が、国政の中心的な地位を占めているという考えを何というか。

国会中心主義

★★★★★★
5
2つの議院で構成されている議会制度で、それぞれの機関が議決した意思が一致した場合に法案が成立する制度を何というか。

二院制

★★★★★★
6
定員465人、任期4年、被選挙権は満25歳以上で、解散があるために参議院に対して一定の優越的地位が認められている議院は何か。

衆議院

★★★★★★
7
衆参両院が異なった議決をし、両院協議会でも意見の一致をみない場合に、衆議院の議決を国会の議決とすることができることを何というか。

衆議院の優越

★★★★★★
8
衆参両院の議決が異なったとき、両院間の意見調整のため開かれる会議を何というか。

両院協議会

★★★★☆☆
9
衆議院で可決した法律案を参議院が否決または60日以内に議決しなかった場合に、衆議院で再可決し法律とするには出席議員のどれだけの同意を必要とするか。

3分の2以上

★★★★☆☆
10
国会の会期中に議決されなかった法案は、つぎの国会に継続されないという原則を何というか。

会期不継続の原則

★★★★☆☆
11
予算案については必ず衆議院に先に提出し、審議を開始しなければならない制度を何というか。

衆議院の予算先議権

★★★★★★		
12 ☐☐☐	定員248人、任期は6年で3年ごとに半数が改選され、解散はなく、被選挙権は満30歳以上である議院は何か。	参議院
★★★★★☆		
13 ☐☐☐	2007（平成19）年の参議院議員通常選挙によって生じた、衆議院と参議院とで、最大会派が異なる現象を何というか。	ねじれ国会
★★★★★★		
14 ☐☐☐	国会議員が、法律の定める場合を除いて、国会の会期中には逮捕されない特権を何というか。	不逮捕特権
★★★★★★		
15 ☐☐☐	国会議員は、議院内で行なった演説などについて院外で責任を問われないという特権を何というか。	免責特権 めんせき
★★★★★★		
16 ☐☐☐	国会議員が、資産の多寡にかかわらず誰でも議員になれるよう、給料にあたる歳費を国から支給される特権を何というか。	歳費特権
★★★★★★		
17 ☐☐☐	両院に置かれる委員会の会議とは別に、議院全体の会議を何というか。	本会議
★★★★★☆		
18 ☐☐☐	国会での審議を能率的に行なうために、衆参両院内に少数の国会議員で構成する組織を設け国会を運営するしくみを何という何か。	委員会制度
★★★★★☆		
19 ☐☐☐	衆参両院に設けられた委員会のうち、常設の委員会のことを何というか。議員は、少なくとも1つの委員会に所属することになっている。	常任委員会
★★★★★★		
20 ☐☐☐	<u>常任委員会</u>とは別に、国会の委員会として、特別な案件について随時設けられる委員会を何というか。	特別委員会
★★★★☆☆		
21 ☐☐☐	国会における審議を活性化し、政治主導の政策決定システムを確立するためにつくられた法律を何というか。この法律に基づいて<u>党首討論</u>などが導入された。	国会審議活性化法
★★★★★★		
22 ☐☐☐	<u>国会審議活性化法</u>が制定される以前まで国会で国務大臣にかわって、議案の説明をしたり、答弁したりしていた政府職員を何というか。	政府委員
★★★★★★		
23 ☐☐☐	国会や地方議会において開かれる、重要事項の決定の際に、利害関係者や学識経験者の意見を聞く会を何というか。	公聴会 こうちょう

★★★★☆☆ 24 □□□	毎年1月に召集され、会期は150日間の<u>国会</u>を何というか。	常会(通常国会)
★★★★★★ 25 □□□	内閣が必要と認めたとき、または、いずれかの議院の総議員の4分の1以上の要求があったときに召集される国会を何というか。	臨時会(臨時国会)
★★★★★★ 26 □□□	衆議院の解散による総選挙後30日以内に召集され、内閣総理大臣の指名などを行なう国会を何というか。	特別会(特別国会)
★★★★★★ 27 □□□	衆議院の解散中、国会を召集する緊急の必要が生じたとき、内閣の請求によって召集される参議院の集会を何というか。	緊急集会

■国会の権限と機能

★★★★★★ 1 □□□	憲法第41条に規定される、国会が主権者である国民を直接に代表する機関として高い地位にあることを意味する言葉は何か。	「国権の最高機関」
★★★★★★ 2 □□□	憲法第41条に規定される、国会が立法権を独占することを意味する言葉は何か。	「唯一の立法機関」
★★★★★★ 3 □□□	<u>政府立法</u>に対して、国会議員が立案し提出する法律案及びそれによって成立した法律を何というか。	議員立法
★★★★★☆ 4 □□□	<u>衆議院の優越</u>が認められているものは、法律案の議決のほかは何があるか。	予算の議決、条約承認権、内閣総理大臣の指名
★★☆☆☆☆ 5 □□□	内閣が予算を立てたり、予算執行や課税をしたりするには、国会での議決が必要であるという考えを何というか。	財政民主主義
★★★★★★ 6 □□□	憲法第96条で定められている、衆参各院の総議員の3分の2以上の賛成が必要とされている国会の権限を何というか。	憲法改正の発議
★★★★★★ 7 □□□	衆議院だけが持つ権限のうち、内閣を信任しないという意思表示のことを何というか。	内閣不信任決議
★★★★★★ 8 □□□	衆参両院が、国政全般について調査し、必要に応じて証人の出頭、証言及び記録の提出を要求できる権限を何と	国政調査権

いうか。

★★★☆☆☆ **9** □□□	国会の国政調査権の行使として、証人への証言、記録の提出などを要求することを何というか。	証人喚問 _{かんもん}
★★★☆☆☆ **10** □□□	院内の秩序を乱した議員に対して、衆参両院が持つ権限を何というか。戒告・陳謝・登院停止・除名の4種がある。	議員の懲罰権 _{ちょうばつ}
★★★★★★ **11** □□□	裁判官の憲法違反やその他重大な非行に対して、裁判官を罷免する権限を国会に与えた制度を何というか。 _{ひめん}	弾劾裁判所 _{だんがい}

❷ 内閣のしくみと行政権の拡大　　　　　用語集 p.59〜65

■内閣の組織と運営

★★★★★★ **1** □□□	総理大臣とその他の国務大臣から構成される、行政権を担当する最高の合議機関を何というか。	内閣
★★★☆☆☆ **2** □□□	国会、特に衆議院で多数を占めた政党、もしくは、連立した政党を基礎として成立する内閣を何というか。	政党内閣
★★★★★★ **3** □□□	内閣が意思決定を行なうために、内閣総理大臣が主宰し、全会一致制をとる会議を何というか。	閣議
★★★★★☆ **4** □□□	行政権の行使について、内閣を組織するすべての国務大臣が、一体として責任を負う規定を何というか。	連帯責任
★★★★★★ **5** □□□	不信任決議案が可決されても衆議院を解散しない場合や内閣総理大臣が欠けたとき、あるいは、解散総選挙後はじめて召集される特別国会において、内閣が行なわなければならないことは何か。	内閣総辞職
★★★★★★ **6** □□□	内閣総理大臣とともに、省庁の最高責任者として内閣を構成する閣僚を何というか。 _{かくりょう}	国務大臣
★★★★★★ **7** □□□	これまでの政務次官にかわって置かれることになった、各省の大臣のもとで政策をつかさどり、大臣不在のときにはその職務を代行する役職を何というか。	副大臣
★★★☆☆☆ **8** □□□	内閣の補助機関であり、内閣総理大臣を直接に補佐、支援する機関を何というか。	内閣官房

★★★★☆☆		
9 ☐☐☐	<u>縦割り行政</u>の改善や効率のよい行政を目指して、2001（平成13）年に行なわれた中央省庁再編によってできた体制を何というか。	1府12省庁体制
★★★★☆☆		
10 ☐☐☐	中央省庁再編の際に、政府内の政策の企画立案、総合調整を補助することを目的で新設された行政機関を何というか。	内閣府

■内閣の権限と機能

★★★★★★		
1 ☐☐☐	内閣総理大臣は内閣の首長としてほかの国務大臣たちに対して、どのような権限を持つとされているか。	任命権と罷免権
★★★★★★		
2 ☐☐☐	憲法<u>第69条</u>または憲法<u>第7条</u>を根拠に、内閣が持つ権限によって、衆議院の全議員の資格を任期満了前に失わせることを何というか。	衆議院の解散
★★★★☆☆		
3 ☐☐☐	天皇の国事行為を根拠として、内閣が任意に衆議院を解散することを何というか。	7条解散
★☆☆☆☆☆		
4 ☐☐☐	衆議院が内閣不信任決議案を可決したとき、または信任の決議案を否決したときに行なわれる衆議院の解散を何というか。	69条解散
★★★★★☆		
5 ☐☐☐	行政権の発動として国の行政機関が行なう事務を何というか。	一般行政事務
★★★★☆☆		
6 ☐☐☐	国の行政機関が制定する法規範のことを総称して何というか。法律の下位に位置付けられる。	命令
★★★★★★		
7 ☐☐☐	国会で制定された法律を執行するにあたり、実施細目などを内閣が定めた命令を何というか。	政令
★★★☆☆☆		
8 ☐☐☐	各省大臣が、担当する行政事務について、法律または政令を施行するために制定する命令を何というか。	省令
★★★★★☆		
9 ☐☐☐	<u>内閣の権限</u>のうち、外交の権限を持つ内閣によって行われるものを何というか。	条約の締結
★★★★★☆		
10 ☐☐☐	司法権によって科せられた刑の全部、または一部を消滅させる内閣の持つ権限を何というか。	恩赦

■行政権の優越と行政の民主化

★★★★★★ 1 □□□	法律の委任に基づいて、具体的な法規を行政府が定めることを何というか。	委任立法
★★★★★★ 2 □□□	行政機関が法的な強制力によらず、助言・指導・勧告などの形で働きかけることを何というか。	行政指導
★★★★★★ 3 □□□	行政機関が持っている各種の許可・認可の権限を何というか。	許認可権
★★★★★★ 4 □□□	政策決定に影響を行使することができるような上級の公務員を何というか。	官僚
★★★★★☆ 5 □□□	合理的な事務処理に優れている反面、権威主義に陥る恐れがある、ピラミッド型の階層構造を持つ管理体制を何というか。	官僚制（ビューロクラシー）
★★★★★☆ 6 □□□	官僚制の弊害の1つで、事務処理にあたって連絡や調整をせずに、各省庁が独自の判断で行政業務を行なうことを何というか。	縦割り行政
★★★★★★ 7 □□□	公務員が退職後、それまでの職務と関係のある企業、団体に再就職することを何というか。	天下り
★★★☆☆☆ 8 □□□	行政権の優越、行政機能の拡大に対して、官僚支配を排除し、国民の自由と福祉の向上のために政治を行なうことを何というか。	行政の民主化
★★★☆☆☆ 9 □□□	政治家、官僚などが、一般国民に活動や権限行使について説明を行なう必要があるとする考えを何というか。	アカウンタビリティ（説明責任）
★★★★★★ 10 □□□	行政の民主的かつ能率的な運営を目的として、ほかの行政機関から独立して設置される行政機関を何というか。	行政委員会
★★★☆☆☆ 11 □□□	都道府県など地方公共団体に置かれた、地方公務員の人事行政に関する行政委員会を何というか。	人事委員会
★★★★☆☆ 12 □□□	警察行政の民主的管理と政治的中立性の確保をはかるために内閣府に置かれた行政委員会を何というか。	国家公安委員会
★★★★★☆ 13 □□□	国家公務員の人事管理の公正中立と統一を確保する必要から設置された行政機関を何というか。	人事院

★★★★★★		
14 ☐☐☐	行政機関が法を遵守しているかどうかを監視・調査し、改善や公務員の懲戒などを勧告する制度を何というか。	オンブズマン制度（行政監察官制度）
★★★☆☆☆		
15 ☐☐☐	政府の一部として行なっていた事務や業務を、法人格として独立させ、遂行する組織を何というか。	独立行政法人
★★★★★★		
16 ☐☐☐	行政運営の公正、透明性を確保することを目的に、1993（平成5）年に成立した法律を何というか。	行政手続法
★☆☆☆☆☆		
17 ☐☐☐	国の行政機関が命令などを定める際に、国民から事前に広く一般から意見を募り、その意見を考慮する方法を何というか。	パブリックコメント（意見公募手続）制度
★★★★★★		
18 ☐☐☐	憲法第15条に示されている、公務員の本質及び地位をあらわす言葉は何か。	全体の奉仕者
★★★★☆☆		
19 ☐☐☐	国家公務員の職務上の倫理を保持し、公務に対する国民の信頼を確保することを目的として制定された法律を何というか。	国家公務員倫理法
★★★☆☆☆		
20 ☐☐☐	国家公務員に関する制度を社会経済情勢の変化に対応したものとすることを目的に制定された法律を何というか。	国家公務員制度改革基本法
★★★☆☆☆		
21 ☐☐☐	2014（平成26）年に、内閣官房に設置された、国家公務員の人事に関する政策を担う組織を何というか。	内閣人事局

❸ 裁判所と国民の司法参加

用語集 p.66〜74

■裁判所の組織と運営

★★★★★★		
1 ☐☐☐	アメリカなどで行なわれている、裁判官以外の一般市民を裁判に直接参加させ、事実認定の判断に一般市民の判断を反映させる制度を何というか。	陪審制
★★★★★☆		
2 ☐☐☐	ヨーロッパで多くみられる、裁判官とともに一般市民が裁判に臨み、量刑まで判断を行なう制度を何というか。	参審制
★★★★★★		
3 ☐☐☐	国民の司法参加を目的に日本で実施されている、選ばれた数人の国民が、裁判官とともに裁判に臨む制度を何というか。	裁判員制度
★★★★☆☆		
4 ☐☐☐	国民の期待にこたえる司法制度の確立を目的に裁判員制	司法制度改革

度の導入などが行なわれた諸制度の改革を何というか。

★★★★☆☆
5
□□□ 裁判員に選任された人に課せられた、評議の秘密などを厳守する義務を何というか。

守秘義務

★★★★☆☆
6
□□□ 刑事裁判の充実、迅速化をはかるため導入された、刑事裁判で公判前に争点を絞り込む手続きを何というか。

公判前整理手続

★★★★★★
7
□□□ 司法権の最高機関で、裁判所の頂点にある終審の裁判所を何というか。長官は<u>内閣の指名</u>に基づいて<u>天皇</u>が任命する。

最高裁判所

★★☆☆☆☆
8
□□□ <u>最高裁判所</u>の別称で、最終の判断を示す裁判所であることを示す呼び方は何か。

終審裁判所

★★★★☆☆
9
□□□ 最高裁判所の下位にある裁判所を総称して何というか。

下級裁判所

★★★★★★
10
□□□ 下級裁判所のうち最上位にあり、全国8カ所に置かれている裁判所を何というか。

高等裁判所

★★★★★☆
11
□□□ 2005(平成17)年に東京高等裁判所内に創設された、知的財産権に関する訴訟を専門に扱う裁判所を何というか。

知的財産高等裁判所

★★★★★☆
12
□□□ 高等裁判所の下位にあり、各都府県に1カ所、北海道に4カ所の計50カ所に置かれている下級裁判所は何か。

地方裁判所

★★★★★☆
13
□□□ 離婚や遺産相続などの家庭事件の審判・調停や、青少年の審判や事件のみを扱う特殊な裁判所を何というか。

家庭裁判所

★★★★★☆
14
□□□ 比較的量刑の軽い訴訟を扱う下級裁判所を何というか。

簡易裁判所

★★★★★★
15
□□□ <u>軍法会議</u>や<u>皇室裁判所</u>など、司法権の管轄外に設置された、特別な事件の裁判を行なう裁判所を何というか。

特別裁判所

★★★★☆☆
16
□□□ 大日本帝国憲法下で存在した、行政事件の裁判をするために行政部に設けられた特別裁判所を何というか。

行政裁判所

★★★★★★
17
□□□ 司法権に対する三権分立上の内閣の権限は、長官以外の最高裁判所裁判官の<u>任命</u>のほかに何があるか。

最高裁判所長官の指名

★★★★★★
18
□□□ 下級裁判所に対して持つ、内閣の権限を何というか。

裁判官の任命

★★★★★★
19
□□□ 最高裁判所の裁判官を、国民の<u>直接投票</u>によって審査することを何というか。

国民審査

★★★★★★		
20 ☐☐☐	判決に不服であれば、裁判を3回まで受けることができる制度を何というか。	三審制
★★★★★★		
21 ☐☐☐	第一審の判決に対して不服であるとして、上級の裁判所に対して、新たな判決を求める不服申し立てのことを何というか。	控訴（こうそ）
★★★★★☆		
22 ☐☐☐	第二審の判決に憲法違反や憲法解釈に誤りがあるとして、最高裁判所の審理を求める不服申し立てのことを何というか。	上告
★★★☆☆☆		
23 ☐☐☐	第一審の裁判所の下した決定、または命令に対して、上級の裁判所に訴える不服の申し立てを何というか。	抗告
★★★★☆☆		
24 ☐☐☐	裁判に憲法解釈の誤りや憲法違反を理由に不服を申し立てるときに、最高裁判所に判断を求める抗告を何というか。	特別抗告
★★★☆☆☆		
25 ☐☐☐	第三審の高等裁判所の判決や仮処分などに対して、憲法違反などを理由に例外的に最高裁判所に不服を申し立てることを何というか。	特別上告
★☆☆☆☆☆		
26 ☐☐☐	力ずくでの解決や私刑など、権利を侵害された者が、司法手続によらず実力をもって権利回復を果たすことに対する禁止原則のことを何というか。	自力救済の禁止
★★★★☆☆		
27 ☐☐☐	仲裁・調停など、民間の紛争解決のために、裁判所への訴訟手続きを経ずに民事上の紛争を解決する方法を総称して何というか。	裁判外紛争解決手続（ADR）
★★★★☆☆		
28 ☐☐☐	<u>秘密裁判</u>を否定し、公正な裁判を維持することで国民の権利を守る裁判手続きの原則を何というか。	裁判の公開（公開裁判）
★★★☆☆☆		
29 ☐☐☐	<u>刑法</u>で定めている犯罪行為を内容とする<u>刑事事件</u>を扱う裁判を何というか。	刑事裁判
★★★★★★		
30 ☐☐☐	確定判決の重大な欠陥を主張し不服の申し立てをして、判決前の状態に戻して裁判のやり直しをすることを何というか。	再審
★★★★★★		
31 ☐☐☐	無実であるのに犯罪者として扱われてしまうことを何というか。	冤罪（えんざい）

★★★★★★ **32** ☐☐☐	免田栄さんが死刑判決を受けた後、死刑囚としては初めて再審が開始され、無罪判決となった冤罪事件を何というか。	免田事件
★★★★★★ **33** ☐☐☐	香川県財田村(現三豊市)で起きた強盗殺人事件で、逮捕、起訴された谷口繁義さんが死刑判決を受けた後、再審により無罪判決を得た冤罪事件を何というか。	財田川事件
★★★★★★ **34** ☐☐☐	一家4人が惨殺され、家に放火された事件で、斎藤幸夫さんが逮捕、起訴され死刑が確定したが、再審により無罪判決となった冤罪事件を何というか。	松山事件
★★★★★★ **35** ☐☐☐	6歳の幼女が連れ去られ、殺害された事件で、逮捕、起訴された赤堀政夫さんが死刑判決を受けた後、再審により無罪判決を得た冤罪事件を何というか。	島田事件
★★★★★★ **36** ☐☐☐	DNA鑑定により殺人などの容疑で逮捕された菅家利和さんが、有罪確定後に再審請求し、DNAの再鑑定結果により無罪判決を得た冤罪事件を何というか。	足利事件
★★★★★☆ **37** ☐☐☐	行きすぎた捜査や冤罪を防ぐために、あとから取り調べの様子をチェックできるようにすることを何というか。	取り調べの可視化
★★☆☆☆☆ **38** ☐☐☐	2018(平成30)年より実施されている、捜査への協力により不起訴処分や刑罰の減免を得る制度を何というか。	司法取引
★★★★★★ **39** ☐☐☐	個人や団体間で<u>民法</u>上問題になる契約違反や金銭授受、離婚などの権利義務についての争う<u>民事事件</u>を扱う裁判を何というか。	民事裁判
★★★★★★ **40** ☐☐☐	国や地方公共団体などの行政機関と個人間で起きた事件などを扱う裁判を何というか。「<u>行政訴訟</u>」ともいう。	行政裁判
★☆☆☆☆☆ **41** ☐☐☐	非行少年に対する処分やその手続きなどについて定める法律を何というか。成人年齢の引き下げに伴って2022(令和4)年に改正された。	少年法

■裁判所の権限と機能

★★★★★★ **1** ☐☐☐	裁判所が、行政機関や立法機関などから干渉を受けず、独立性を確保しようとする原則を何というか。	司法権の独立

★★★★★ **2** □□□	来日中のロシア皇太子が警察官に襲われ負傷した際、政府が死刑を主張したのに対して、大審院長が司法権の独立を守った事件を何というか。	大津事件
★★★★★ **3** □□□	大津事件のときの大審院長は誰か。	児島惟謙
★★★★★ **4** □□□	長沼ナイキ基地訴訟に関し、札幌地裁所長の平賀健太が裁判長に対して憲法判断に触れないよう書簡により圧力をかけた事件を何というか。	平賀書簡事件
★★★★★ **5** □□□	司法権の独立を守るためには、裁判官がほかからの干渉や関与を一切排除されるという原則を何というか。	裁判官の独立
★★★★★ **6** □□□	裁判官は、公の弾劾または心身の故障と裁判で認められた場合以外は罷免されない原則を何というか。	裁判官の身分保障
★★★★★ **7** □□□	裁判所の内部規則や訴訟手続きなどの規則を制定する最高裁の権限を何というか。国会の立法権に対する例外の1つ。	最高裁判所の規則制定権
★★★★★ **8** □□□	国会の立法や内閣の行政が、憲法に適合するか否かを裁判所が審査し、判断する権限を何というか。	違憲立法審査権(法令審査権)
★★★★★ **9** □□□	憲法解釈をめぐる争いを裁く権限が、裁判所に与えられていることを表現した言葉は何か。	憲法の番人
★★★★★ **10** □□□	尊属殺人を一般の殺人より重く処罰する刑法の規定が、憲法上の「法の下の平等」に違反するとして、違憲判決が出た裁判を何というか。	尊属殺重罰規定違憲判決
★★★★★ **11** □□□	薬局の適正配置の距離制限が、営業の自由を保障した憲法第22条に違反しないかが争われ、違憲判決が出た訴訟を何というか。	薬事法距離制限違憲訴訟
★★★★★ **12** □□□	森林の分割請求を制限する規定が、財産権を保障する憲法第29条に違反しないかが争われ、違憲判決が出た訴訟を何というか。	共有林分割制限違憲訴訟
★★★★★ **13** □□□	国外に住んでいる日本国民が選挙の際に投票ができなかったことが「法の下の平等」に反するとして違憲判決が出た訴訟を何というか。	在外国民選挙権制限違憲判決

★★★★★★		
14 □□□	父母の結婚の有無を国籍取得の要件とする<u>国籍法</u>の規定に違憲判決が出た訴訟を何というか。	非嫡出子国籍取得制限違憲判決
★★★★★★		
15 □□□	<u>婚外子</u>の遺産相続分が、結婚した夫婦の子の半分とした民法の規定に違憲判決が出た訴訟を何というか。	婚外子差別違憲判決
★★★★★★		
16 □□□	女性は離婚後6カ月間再婚を禁止する民法上の規定に対して違憲判決が出た訴訟を何というか。改定後は再婚禁止期間を100日としたが、2024(令和6)年の民法改正により廃止されることになった。	女性の再婚禁止期間違憲判決
★★★★★★		
17 □□□	国会や内閣による高度な政治的行為に対しては、違憲立法審査の対象にしないという考えを何というか。	統治行為論
★★★★★★		
18 □□□	検察制度に民意を反映させるために、<u>検察官</u>が不起訴処分とした事件の審査を請求する機関を何というか。	検察審査会
★★★★★☆		
19 □□□	裁判制度や弁護士サービスの利用をより身近に受けられるようにするために、設立された<u>独立行政法人</u>を何というか。	法テラス
★★★★★★		
20 □□□	法曹人口の大幅な増加をはかるために作られた専門職大学院を何というか。通称「ロー・スクール」。	法科大学院

❹ 地方自治のしくみ
用語集 p.74〜80

■地方自治の組織と運営

★★★★★★		
1 □□□	住民が地域の政治を自主的に処理し、住民福祉を増進するためのしくみのことを何というか。	地方自治
★★★★★★		
2 □□□	「<u>地方自治は民主主義の最良の学校</u>である」という言葉で有名なイギリスの政治学者は誰か。	ブライス
★★★★★☆		
3 □□□	その著書『<u>アメリカの民主政治</u>』の中で、地方自治が民主主義の実現に貢献するという考えを主張したフランスの政治家は誰か。	トックビル
★★★★★★		
4 □□□	国からある程度独立し、その地域住民によって運営される団体である<u>都道府県</u>と<u>市区町村</u>とを総称して何というか。	地方公共団体(地方自治体)

★★★★★★ **5** □□□	<u>地方自治の本旨</u>に基づいて、地方公共団体の組織及び運営に関する事項を定めた法律を何というか。	地方自治法
★★★★★★ **6** □□□	市民が生活していくのに、最低限必要な生活基準のことを何というか。	シビル・ミニマム
★★★★★★ **7** □□□	「地方自治の本旨」をなりたたせる2つの原理を何というか。	団体自治と住民自治
★★★★★★ **8** □□□	国から指揮・監督を受けずに、独自に地方公共団体の政治を行なうことを何というか。	団体自治
★★★★★★ **9** □□□	地域住民の意思に基づいて、住民自身の手で、地方公共団体の政治が行なわれることを何というか。	住民自治
★★★★★★ **10** □□□	2011(平成23)年から始まった、国から税制・財政・金融上の支援が受け、地域を限定して特定の分野において規制緩和が行なわれている特別区域のことを何というか。	総合特区
★★★★★★ **11** □□□	2014(平成26)年から始まった、地域を限定して特定の分野において、国の主導で規制緩和が行なわれている特別区域のことを何というか。	国家戦略特区
★★★★★★ **12** □□□	地方公共団体の長を、都道府県は<u>知事</u>、そのほかは<u>市長・区長・町長・村長</u>というが、それらを総称して何というか。	首長(長)
★★★★★★ **13** □□□	地方公共団体において、住民が直接選挙で、<u>首長</u>と議会の議員を別々に選ぶ制度を何というか。	二元代表制
★★★★★★ **14** □□□	首長と議会の相互関係において、議会が首長に対して、持っている権限は何か。	不信任決議権
★★★★★★ **15** □□□	議会が首長の<u>不信任決議</u>を行なう場合、議員の3分の2以上が出席し、出席者のどれだけの同意を必要とするか。	4分の3以上
★★★★★★ **16** □□□	首長の不信任決議がなされた場合、首長のとり得る方法は2ある。1つは辞職すること、もう1つは何か。	10日以内に議会を解散すること
★★★★★★ **17** □□□	都道府県や市区町村の団体意志や方針を決める議決機関を何というか。	地方議会
★★★★★★ **18** □□□	地方議会の議決により成立する、地方公共団体の法規を	条例

何というか。

★☆☆☆☆☆
19 ☐☐☐ 法律が規制している同一の対象について、法律よりも強い規制を及ぼす条例のことを何というか。 ／ 上乗せ条例

★★★★★★
20 ☐☐☐ 特定の地方公共団体にのみ適用される法律（特別法）を制定する場合にその地域住民により行なわれることを何というか。 ／ （特別法の）住民投票

★★★★★★
21 ☐☐☐ 住民自治を実現するため、<u>地方自治法</u>が住民に保障している直接民主制の考えに基づく権利を何というか。 ／ 直接請求権

★★★★★★
22 ☐☐☐ 直接請求権の1つで、住民が条例の制定、改廃を地方公共団体の長に請求することのできる制度を何というか。 ／ イニシアティブ（国民発案・住民発案）

★★★★★★
23 ☐☐☐ 地方公共団体の知事や副知事、市長や副市長・議員など特別職の公務員に対して、解職を請求する権利を何というか。 ／ リコール（国民解職・解職請求権）

★★★★★★
24 ☐☐☐ 議会の解散、議員の解職、首長の解職などを請求する<u>リコール</u>には、有権者の何分の1以上の署名数が必要か。 ／ 3分の1以上

★★★★☆☆
25 ☐☐☐ 地方公共団体の事務、経理の<u>監査</u>を請求するには、有権者の何分の1以上の署名数が必要か。 ／ 50分の1以上

★★★★★★
26 ☐☐☐ 国民の意思を投票により、国や地方公共団体に反映させる制度を何というか。 ／ レファレンダム（国民投票・住民投票・国民表決）

★★★★★★
27 ☐☐☐ 2000（平成12）年から、国と地方公共団体の関係を、上下の関係から対等（協力）関係に改める、一連の法律が施行された。この一連の法律を何というか。 ／ 地方分権一括法

★★★★★★
28 ☐☐☐ 地方公共団体の扱う事務は大きく2つある。1つは<u>法定受託事務</u>、もう1つは地方公共団体が主体的に行なう事務である。この主体的に行なう事務を何というか。 ／ 自治事務

★★★★★★
29 ☐☐☐ 地方公共団体の扱う事務で、国が法令に基づいて地方公共団体に委託する事務を何というか。 ／ 法定受託事務

★★★★☆☆
| 1 | 地方自治が、その財政状態から、国によっていちじるしく制約されている状況を何というか。 | 三割自治 |

★★★★★★
| 2 | 地方公共団体の財源のうち、自らの権限で収入し得る財源を何というか。 | 自主財源 |

★★★★★★
| 3 | 地方公共団体の財源の主なものは4つある。<u>地方交付税</u>、<u>国庫支出金</u>、<u>地方債</u>ともう1つは何か。 | 地方税 |

★★★☆☆☆
| 4 | 地方税は地方公共団体の<u>自主財源</u>である。他方、地方交付税、国庫支出金、地方債を何というか。 | 依存財源 |

★★★★★★
| 5 | 財政力の弱い地方公共団体に対して、一定の行政水準を確保するために、国が交付するお金を何というか。これは使途が特定されず（<u>一般財源</u>）、どの経費にも使用できる。 | 地方交付税 |

★★★★★★
| 6 | 本来、国が行なうべき仕事の委託金や負担金、さらに一定の仕事を援助するための補助金を総称して何というか。公共事業や生活保護などに関するものがある。 | 国庫支出金 |

★★★★★★
| 7 | <u>国庫支出金の削減</u>、<u>地方への税源の移譲</u>、<u>地方交付税の見直し</u>の3つの改革を同時に行なうことを何というか。 | 三位一体改革 |

★★★★★☆
| 8 | 地方公共団体が、特定支出にあてるために発行する債券のことを何というか。 | 地方債 |

★★★★☆☆
| 9 | 地方公共団体の議会が、重要な政策決定について、住民の意思を投票によって問うために制定した条例を何というか。 | 住民投票条例 |

★★☆☆☆☆
| 10 | 地方公共団体の中で、税収減や歳出の急増などによって、多額の赤字が生じて財政破綻状況にあり、<u>財政再建計画</u>を策定している地方公共団体のことを何というか。 | 財政再生団体 |

第4章 | 現代日本の政治

❶ 政党政治の展開

用語集 p.81〜87

■政党政治

★★★★★★ 1 □□□	複数の政党が、選挙を通じて平和的に政権を競い合っている政治のことを何というか。	政党政治
★★★★★★ 2 □□□	国民の様々な意見や利害をまとめて、政治に反映させるという役割を担って組織される政治集団を何というか。	政党
★★★★★☆ 3 □□□	国会での法律案の採決などにあたり、各政党が所属議員に党としての賛否に従うことを強制することを何というか。	党議拘束
★★★★☆☆ 4 □□□	制限選挙が行なわれていた時代の政党は、地方の有力者からなる議員が、議会内で政府に対抗したり、政権を獲得するためにつくったものである。こういう政党を何というか。	名望家政党
★★★★☆☆ 5 □□□	普通選挙制が導入されると、議会外に大衆組織を持ち、一定の政策や綱領を掲げて、選挙に臨む政党が発達した。こうした政党を何というか。	大衆政党
★☆☆☆☆☆ 6 □□□	第二次世界大戦後の先進国でみられるような、階層間の対立が緩和された社会で登場してきた、国民の幅広い層から支持を受ける政党を何というか。	包括政党
★☆☆☆☆☆ 7 □□□	近年みられるようになった、既成の政党への不満を背景に支持を集めている、一定の地域に根差した政党を何というか。	地域政党
★★★☆☆☆ 8 □□□	現状の政治状況を維持しながら、その中で発展をはかろうとする立場の政党のことを何というか。	保守政党
★★★☆☆☆ 9 □□□	旧来の政治・経済・社会体制を変革し、より平等な社会をつくろうという立場の政党のことを何というか。	革新政党
★☆☆☆☆☆ 10 □□□	党費を支払って政党に所属し、党の活動や意思決定に参加することができる、政党の構成員のことを何というか。	党員

★★★★★☆ **11** □□□	アメリカで典型的にみられる、2つの大政党が相互に政権を争い、選挙に勝った方が政権を担当する制度を何というか。	二大政党制
★★★★★☆ **12** □□□	イタリアやフランスなどのように、多数の政党が競合し、いずれの政党も単独では政権を担当できる勢力を持たない政治の形態を何というか。	多党制
★★☆☆☆☆ **13** □□□	ほかの政党の存在を認めず、1つの政党のみが政治権力を握る政治体制のことを何というか。	一党制
★★★★★★ **14** □□□	国の政治機構を動かす政治権力、特に政府の権力のことを何というか。	政権
★★★★☆☆ **15** □□□	<u>議院内閣制</u>において、単独で下院の過半数を占める政党がない場合、<u>政策協定</u>を結ぶなどして複数の政党が連合して政権を担当することを何というか。	連立政権
★★☆☆☆☆ **16** □□□	選挙で多数党となった政党が、単独で担当する政権のことを何というか。	単独政権
★★★★★★ **17** □□□	選挙によって、政権を担当する政党がかわることを何というか。	政権交代
★★★★★★ **18** □□□	政権を担当している政党のことを何というか。	与党
★★★★★★ **19** □□□	政権の外にあり、政権を担当している政党とは対立的な政党を何というか。	野党

■日本の政党政治の歩み

★★★★★☆ **1** □□□	1874（明治7）年、板垣退助らが藩閥官僚の専断政治に反対し、国民が選挙で選んだ議員からなる議会を開設することを求めた書を何というか。	民撰議院設立建白書
★★★★★☆ **2** □□□	大正時代の民主主義的改革を要求する運動や思潮を何というか。	大正デモクラシー
★★☆☆☆☆ **3** □□□	1918（大正7）年に、米騒動で退陣した<u>寺内正毅内閣</u>にかわって、政党内閣を組閣し、<u>平民宰相</u>と呼ばれた人物は誰か。	原敬

★★★★☆☆
4
□□□
吉野作造(よしのさくぞう)が提唱し、大正デモクラシーの理論的支柱となった民主主義思想を何というか。

民本主義(みんぽん)

★★☆☆☆☆
5
□□□
身分や納税額などに関係なく、満25歳以上の男性に選挙権が与えられた、1925(大正14)年に改正された衆議院議員選挙法を何というか。

普通選挙法

■55年体制下の政治

★★★★★★
1
□□□
1955(昭和30)年から1993(平成5)年まで続き、自由民主党と日本社会党という、2つの対立する政党を中心にして運営された日本の政治体制を何というか。

55年体制

★★★★☆☆
2
□□□
1955(昭和30)年に、鳩山一郎内閣(はとやまいちろう)による憲法改正の動きに対して、憲法改正阻止を掲げ、左派と右派に分裂していた革新政党が統一されたことを何というか。

日本社会党の統一

★★★★☆☆
3
□□□
左右社会党の統一に刺激され、日本民主党と自由党が1955(昭和30)年に大同団結したことを何というか。

保守合同

★★★★★★
4
□□□
1955(昭和30)年、日本民主党と自由党が保守合同して結成された政党を何というか。

自由民主党

★★☆☆☆☆
5
□□□
55年体制下で、与野党の国会対策委員会の間で国会運営が決まる政治のあり方を何というか。

国対政治

★★★☆☆☆
6
□□□
1922(大正11)年、コミンテルンの支援のもとに結成された、マルクス・レーニン主義に基づく革新政党を何というか。

日本共産党

★★★☆☆☆
7
□□□
1960(昭和35)年、社会党から分離し右派系の議員が結成した「民主社会党」が、1969(昭和44)年に改称した党名を何というか。

民社党

★★★★☆☆
8
□□□
1964(昭和39)年、宗教団体である創価学会(そうか)を母体として、「中道(ちゅうどう)」を目指して結成された政党は何か。

公明党

★☆☆☆☆☆
9
□□□
ロッキード事件発覚後、自由民主党を離党した議員6人を中心に、政治腐敗との決別などを掲げて1976(昭和51)年に結成されたが、1986(昭和61)年に自民党に吸収される形で解党した政党を何というか。

新自由クラブ

★★★★★★ **10** □□□	1957(昭和32)年に成立し、経済力や自衛力の強化に努め、1960(昭和35)年に、反対運動が高まる中で日米安全保障条約の改定を強行した後に退陣した内閣を何というか。	岸信介内閣
★★★★★★ **11** □□□	1960(昭和35)年に成立し、安保改定の強行による国民の不満を抑えるべく、経済重視の政策に転換し、<u>国民所得倍増計画</u>を掲げて高度経済成長政策を推進した内閣を何というか。	池田勇人内閣
★★★★★★ **12** □□□	1972(昭和47)年に成立し、「<u>日本列島改造論</u>」による国土開発計画を推進し、1972年には<u>日中国交正常化</u>に成功したが、1974(昭和49)年に首相自身の<u>金脈問題</u>から退陣に追い込まれた内閣を何というか。	田中角栄内閣
★★★★★★ **13** □□□	政治家の利害、思想などによって結ばれた政党内のグループを何というか。	派閥
★★★★★★ **14** □□□	特定の分野に影響力がある議員のことを何というか。	族議員
★★★★★★ **15** □□□	政治権力を私物化し、濫用することによって<u>贈収賄事件</u>などが発生したことを何というか。	政治腐敗
★★★★★★ **16** □□□	政治家や官僚などの公務員が、職権や職務上の地位を利用して、個人的利益をはかるなどの不正な行為を行なうことを何というか。	汚職事件
★★★★★★ **17** □□□	1976(昭和51)年、元首相<u>田中角栄</u>が、ロッキード社の航空機売り込みに関して賄賂を受け取ったとして、逮捕された事件を何というか。自民党政治の構造的な汚職事件といわれた。	ロッキード事件
★★★★★★ **18** □□□	1988(昭和63)年に発覚した、リクルート社が首相を含む多数の政治家や高級官僚に未公開株を配布して、買収をはかった事件を何というか。この事件で1989(平成元)年、<u>竹下登内閣</u>は総辞職に追い込まれた。	リクルート事件
★★★★★★ **19** □□□	1992(平成4)年に発覚した、運送業の佐川急便が多額の<u>政治資金</u>を政治家にばらまいた事件を何というか。この事件を機に政治不信は頂点に達し、1993(平成5)年、自民党の長期一党支配が終わった。	佐川急便事件
★★★★★★ **20** □□□	大手総合建設会社が政治献金によって公共事業を誘致し、	ゼネコン汚職

その工事を落札しようとして、元建設大臣が有罪判決を受けるなどした、1993(平成5)年につぎつぎと発覚した構造的な汚職事件のことを何というか。

★☆☆☆☆☆ 21 □□□	特定の目的に役立ててもらうように、金銭を献上することを何というか。	献金
★★★★☆☆ 22 □□□	政治家や政党は、選挙や日常の政治活動に必要な政治資金を、個人と、企業や労働組合などの団体からの寄付に依存している。この寄付された資金のことを何というか。	政治献金
★★★☆☆☆ 23 □□□	<u>政治献金</u>によってゆがめられた政治を何というか。	金権政治
★★★★☆☆ 24 □□□	政治家や政党が、選挙や日常の政治活動を行なうのに使用する資金を何というか。	政治資金
★★★★★★ 25 □□□	政治資金の収入と支出を明朗なものにする目的で制定された法律を何というか。	政治資金規正法
★★★★★★ 26 □□□	政党に対して、国が活動にかかる費用の一部を政党交付金として補助することを定めた法律を何というか。これによって<u>政治資金規正法</u>が改正され、議員向け寄付が大幅に制限されることになった。1994(平成6)年に制定。	政党助成法
★★★★★☆ 27 □□□	所属国会議員が5人以上の政党と、直近の国政選挙の得票率が2％以上の政党に対して、総額で国勢調査人口に250円を乗じた金額が交付される金銭を何というか。	政党交付金
★☆☆☆☆☆ 28 □□□	1993(平成5)年の総選挙で、それまで政権を担ってきた自民党が過半数割れとなり、8党派による非自民の細川護熙連立内閣に政権を奪われた出来事を何というか。	55年体制の終焉

■1990年代以降の政治

★★★☆☆☆ 1 □□□	<u>リクルート事件</u>をきっかけに、金のかからない政治を実現するために始まった改革を何というか。	政治改革
★☆☆☆☆☆ 2 □□□	1993(平成5)年の総選挙直前の自民党の分裂、新党さきがけや新生党などの新党の結成や総選挙後の非自民連立内閣の発足に始まり、その後の自由民主党、社会党、新党さきがけの連立内閣や1997(平成9)年末からの自由党結成による政党の分裂、1999(平成11)年の自由民主党、	政界再編

	自由党の連立内閣の結成などの一連の動きを何というか。	
★★★★★ 3 ☐☐☐	1955(昭和30)年以来続いてきた自民党政権にかわって、1993(平成5)年に登場した連立内閣を何というか。	細川護煕内閣
★★★★★★ 4 ☐☐☐	細川護煕内閣は、自由民主党と共産党を除く、日本社会党・新生党・公明党・日本新党など8党派の連立で構成されていたことから何政権と呼ばれていたか。	非自民連立政権
★☆☆☆☆☆ 5 ☐☐☐	1994(平成6)年6月に成立し、自由民主党・日本社会党・新党さきがけで構成された、社会党委員長村山富市を首相とする連立内閣を何というか。	村山富市内閣
★★★☆☆☆ 6 ☐☐☐	1996(平成8)年、社民党・新党さきがけ・新進党などから離党した議員を中心に結成され、2009(平成21)年の総選挙で政権交代を果たした政党を何というか。	民主党
★★★★☆☆ 7 ☐☐☐	2001(平成13)年4月に、構造改革を掲げて発足した内閣を何というか。	小泉純一郎内閣
★★★★★☆ 8 ☐☐☐	これまで郵政省が行なっていた郵便・郵便貯金・簡易生命保険の、いわゆる「郵政三事業」を民営化することを何というか。	郵政民営化
★☆☆☆☆☆ 9 ☐☐☐	単純明快なキャッチフレーズを打ち出し、マス・メディアを通じて広く大衆に支持を訴える選挙手法を何というか。	劇場型選挙
★☆☆☆☆☆ 10 ☐☐☐	2009(平成21)年の総選挙における民主党の圧勝により、民主党、社会民主党、国民新党の3党が連立して組閣された内閣を何というか。	鳩山由紀夫内閣
★☆☆☆☆☆ 11 ☐☐☐	2006(平成18)年～2007(平成19)年と2012(平成24)年～2020(令和2)年の二度にわたり公明党との連立で政権を担当し、第2次内閣では金融緩和などを柱とする「アベノミクス」と呼ばれる経済政策を進めるとともに、2014(平成26)年と2019(令和元)年の2回にわたる消費税の引き上げ、2014(平成26)年には集団的自衛権の一部行使を容認する閣議決定を行なった内閣を何というか。	安倍晋三内閣
★☆☆☆☆☆ 12 ☐☐☐	小選挙区制による二大政党制を念頭に置いて、二大政党との対抗関係の中で勢力を伸ばしていこうとする政党な	第三極

どの政治集団のことを何というか。

★★★★★★
13 □□□ 2017(平成29)年に民進党の議員の一部が中心となって結成され、同年の第48回衆議院議員総選挙の結果、衆議院では野党第一党となった政党を何というか。 ── 立憲民主党

❷ 選挙　　　　　　　　　　　　　　　　　用語集 p.88〜92

■選挙制度

★★★★★★
1 □□□ 国民の意思を、政治過程に反映させるための選挙のしくみを何というか。 ── 選挙制度

★★★★★★
2 □□□ 国民が自分の意思を投票によりあらわして代表を選出することを何というか。 ── 選挙

★★★★★★
3 □□□ 代表や特定の役職につく人物を選出する選挙人の権利、資格のことを何というか。 ── 選挙権

★★★★★★
4 □□□ 候補者を当選させようとして行なわれる本人、支持者、政党などの活動を何というか。 ── 選挙運動

★★★☆☆☆
5 □□□ 2013(平成25)年の<u>公職選挙法</u>の改正により一部認められるようになった、ホームページやブログ、SNS などを利用して行なわれる選挙運動を何というか。 ── インターネット選挙運動

★★★★★★
6 □□□ 選挙権、被選挙権の資格を性別、身分、財産の多寡<small>(たか)</small>などで制限せず、一定の年齢に達した者すべてに与える選挙制度を何というか。 ── 普通選挙

★★★☆☆☆
7 □□□ 選挙権・被選挙権を、性別、財産の多寡、身分の違いなどで制限する選挙のことを何というか。 ── 制限選挙

★★★★★★
8 □□□ 1人が1票を投票するという選挙に関する原則を何というか。 ── 平等選挙

★★★★★☆
9 □□□ 国民、住民が直接に立候補した候補者名を投票用紙に書いて選出する選挙方法を何というか。 ── 直接選挙

★★★☆☆☆
10 □□□ 有権者は選挙人を選び、その選挙人が候補者を選ぶ方式で行なわれる選挙方式のことを何というか。 ── 間接選挙

★★★★★★
11 □□□ 投票した人が誰に投票したかが分からないようにする選 ── 秘密選挙

	挙の方法を何というか。	

<table>
<tr><td>★★★★★★</td><td></td><td></td></tr>
<tr><td>12
□□□</td><td>政党結成の自由や選挙運動の自由などが保障される、選挙人の自由な意思によって投票が行なわれる選挙のことを何というか。</td><td>自由選挙</td></tr>
<tr><td>★★★★★★</td><td></td><td></td></tr>
<tr><td>13
□□□</td><td>有権者のうち、どのくらいの人が投票所にいき、投票用紙を受け取って、投票箱に入れたかの割合を何というか。</td><td>投票率</td></tr>
<tr><td>★★★★★★</td><td></td><td></td></tr>
<tr><td>14
□□□</td><td>当選人以外の者(落選者)に投じられた票のことを何というか。</td><td>死票
<small>しひょう</small></td></tr>
<tr><td>★★★★★★</td><td></td><td></td></tr>
<tr><td>15
□□□</td><td>各政党の得票数に応じて議席数を配分する選挙方法を何というか。</td><td>比例代表制</td></tr>
<tr><td>★★★★★★</td><td></td><td></td></tr>
<tr><td>16
□□□</td><td>選挙区ごとに個人を選ぶ選挙方法のことを何というか。</td><td>個人代表制</td></tr>
<tr><td>★★★★★★</td><td></td><td></td></tr>
<tr><td>17
□□□</td><td>選挙における当選人の決定のための単位となる一定の地域的区分である選挙区に、全体の定員を配分する方法を何というか。</td><td>選挙区制</td></tr>
<tr><td>★★★★★★</td><td></td><td></td></tr>
<tr><td>18
□□□</td><td>1選挙区から2人以上の議員を選出する選挙方法を何というか。少数党に有利で、死票が少なくなるが、<u>小党分立</u>となりやすい。</td><td>大選挙区制</td></tr>
<tr><td>★★★★★★</td><td></td><td></td></tr>
<tr><td>19
□□□</td><td>1925(大正14)年から、一時期を除いて1994(平成6)年までの70年間、衆議院議員総選挙で行なっていた選挙区制を何というか。</td><td>中選挙区制</td></tr>
<tr><td>★★★★★★</td><td></td><td></td></tr>
<tr><td>20
□□□</td><td>1選挙区から1人の議員を選出する選挙方法を何というか。<u>二大政党制</u>を実現しやすいが、<u>死票</u>が多くなる欠点がある。</td><td>小選挙区制</td></tr>
</table>

■日本の選挙

<table>
<tr><td>★★★★★★</td><td></td><td></td></tr>
<tr><td>1
□□□</td><td>衆議院議員を選出する選挙のことを何というか。</td><td>衆議院議員総選挙</td></tr>
<tr><td>★★★★★★</td><td></td><td></td></tr>
<tr><td>2
□□□</td><td>1994(平成6)年、公職選挙法が改正されて衆議院の選挙制度が新しくなった。この選挙制度を何というか。</td><td>小選挙区比例代表並立制</td></tr>
<tr><td>★★★★★★</td><td></td><td></td></tr>
<tr><td>3
□□□</td><td>衆議院議員総選挙で、1人の候補者が<u>小選挙区</u>と<u>比例代表区</u>の両方に立候補することを何というか。小選挙区で落選しても比例代表区で当選することが可能となってい</td><td>重複立候補制</td></tr>
</table>

る。

★★★★☆☆
4
□□□ 小選挙区選挙で、当選者の得票数に対する落選者の得票数の比率のことを何というか。衆議院議員総選挙の比例代表名簿に同順位の<u>重複立候補者</u>がいる場合、この比率の高い候補者が当選する。

惜敗率

★★★☆☆☆
5
□□□ 参議院議員を選出する選挙のことを何というか。

参議院議員通常選挙
（通常選挙）

★★★★★☆
6
□□□ 衆議院の<u>比例代表選挙</u>で採用されている、各政党があらかじめ提示している候補者名簿の順位によって当選者が決まる制度を何というか。

拘束名簿式比例代表制

★★★★★★
7
□□□ 2001（平成13）年から採用された、参議院議員通常選挙の比例代表制で、候補者か政党名で投票し、すべて政党の得票として合算して政党ごとの議席配分を決め、個人の得票順に当選が決まる制度を何というか。

非拘束名簿式比例代表制

★☆☆☆☆☆
8
□□□ 参議院議員通常選挙の比例代表選挙において、非拘束の候補者の名簿と切り離して、政党が「優先的に当選人となるべき候補者」に順位をつけた名簿をつくることができるしくみを何というか。

特定枠

★★★★★★
9
□□□ 比例代表制における議席数の配分方法は様々あるが、日本の参議院が採用している方法を何というか。

ドント式（配分方法）

★★★★★★
10
□□□ 国会議員や地方公共団体の選挙に関する事項を定めた法律を何というか。選挙運動の期間や方法などに厳しい制限を加え、公正できれいな選挙の実現を目指すための法律。

公職選挙法

★★★★★☆
11
□□□ 1945（昭和20）年、満20歳以上の男女に選挙権が認められた。2015（平成27）年からは何歳以上に改正されたか。

18歳

★★★★★★
12
□□□ 戸別に各家庭を訪問しての選挙運動は、買収と結びつきやすいとして禁止されている。このことを何というか。なお、欧米では主要な選挙運動の手段となっている。

戸別訪問の禁止

★★★★★☆
13
□□□ 有権者に金品を渡して投票を依頼したり、票のとりまとめを依頼したりすることを何というか。<u>公職選挙法</u>で禁止されている行為。

買収

★★★★★★		
14 □□□	公職選挙法が、候補者自身だけでなく選挙運動の総括主宰者や出納責任者などが選挙違反を犯した場合にも、候補者の当選を無効とすると定めたしくみを何というか。	連座制
★★★★★★		
15 □□□	選挙運動の期間は<u>公示</u>から投票日前日までで、それ以前の選挙運動が禁止されていることを何というか。	事前運動の禁止
★★★★★★		
16 □□□	投票日に投票所にいって投票のできない人が、定められた投票所以外の場所や郵便などで投票日前に投票することができる制度を何というか。	不在者投票制度
★★★★★★		
17 □□□	<u>選挙人名簿</u>に登録されている居住地において、投票日の前日までに投票できる制度を何というか。	期日前投票
★★★★★★		
18 □□□	自分の住んでいる市町村内のすべての投票所において投票を行なうことができるしくみを何というか。	共通投票所
★★★★★★		
19 □□□	選挙に関する事務を管理する<u>行政委員会</u>を何というか。	選挙管理委員会
★★★★★★		
20 □□□	立候補者自身の公約や人柄よりも、お金の力で当選を果たそうとする選挙のことを何というか。	金権選挙
★★★★★★		
21 □□□	選挙協力への見返りとして、議員が地元選挙区へ公共事業などを誘致し、地元の特定集団に利益を与えることを何というか。	利益誘導
★★★★★★		
22 □□□	選挙のときに有権者に対して公約として示す文書を何というか。	マニフェスト（政権公約）
★★★★★★		
23 □□□	選挙区の議員定数と有権者数との比率が、別の選挙区の比率といちじるしく均衡を欠いていることを何というか。	一票の格差
★★★★★★		
24 □□□	都道府県の人口を一定の数値で割った商の小数点以下を切り上げた数が、都道府県ごとの小選挙区の数になるという、都道府県ごとの小選挙区数を見直す際に用いられる計算式を何というか。	アダムズ方式
★★★★★★		
25 □□□	各選挙区の議員定数と有権者数の比率にいちじるしい不均衡があることを何というか。	議員定数の不均衡
★★★★★★		
26 □□□	国外に居住する日本人に国政選挙の選挙権行使の機会を保障することを何というか。	在外日本人の投票権

❸ 世論と政治参加

■世論と政治参加

★★★★☆☆
1 □□□ 雇われて働く労働者や零細な自営業者など、資産を持たない不特定多数の個人の集まりのことを何というか。現代の社会において、大部分を占める人々の集団。 | 大衆

★★☆☆☆☆
2 □□□ 多数の大衆を集め、結集した人々の数の力で社会的・政治的な改革を求める運動のことを何というか。 | 大衆運動

★★★☆☆☆
3 □□□ 大衆が主権者として政治参加することを制度的に保障している現代民主主義のことを何というか。 | 大衆民主主義(マス・デモクラシー)

★★★☆☆☆
4 □□□ 平和、環境保護、人権擁護などの社会の諸問題に対して、社会の構成員の1人として起こす運動を何というか。 | 市民運動

★★☆☆☆☆
5 □□□ 市民の政治的・社会的要求を実現するための手段として、署名簿に氏名を記名して該当機関に提出する活動を何というか。 | 署名活動

★★★★★★
6 □□□ 国民の、公に表現された意見を何というか。一般大衆の多数意見のこと。 | 世論

★★★★☆☆
7 □□□ 統計的な手法で、世論の動向を調査することを何というか。 | 世論調査

★★★★★★
8 □□□ 社会へ多くの情報を提供し、世論の形成に重要な役割を果たしているものを何というか。大衆の政治参加に大きな影響力を持つもの。具体的には、テレビや新聞など。 | マス・メディア

★★★☆☆☆
9 □□□ 政党・政治家のウェブサイトや SNS(ソーシャル・ネットワーク・サービス)などの、インターネットを利用して情報を発信する媒体のことを何というか。 | ソーシャル・メディア

★★★☆☆☆
10 □□□ 主にソーシャル・メディアによって発信されることのある、事実と異なる情報のことを何というか。 | フェイク・ニュース

★☆☆☆☆☆
11 □□□ 情報の正確性やその根拠の妥当性を検証する行為のことを何というか。 | ファクト・チェック

★★★★★☆
12 □□□ 新聞や放送、さらにはインターネットといった情報媒体を使いこなす個人の能力のことを何というか。 | メディアリテラシー

★☆☆☆☆☆		
13 □□□	マス・メディアによる過剰な取材競争のことを何というか。	メディア・スクラム（集団的過熱取材）
★★★☆☆☆		
14 □□□	マス・メディアを媒体（ばいたい）として、大衆に大量の情報を伝達することを何というか。	マス・コミュニケーション（マスコミ）
★★★★☆☆		
15 □□□	現代政治においてマスコミの影響力が絶大であることから、マスコミを国家権力に準じて何というか。	第四の権力
★★★★★★		
16 □□□	マス・メディアを利用するなどして、特定の方向へ世論を誘導することを何というか。	世論操作
★★★★★★		
17 □□□	世論調査などで、支持政党はないと答える有権者のことを何というか。	無党派層
★★★★★★		
18 □□□	一般大衆が、主権者として政治に参加することに消極的なことを何というか。	政治的無関心（政治的アパシー）

■圧力団体

★★★★★★		
1 □□□	資金力や組織力を用いて、政党や政治家に圧力をかけ、自分たちの利益を追究、実現しようとする集団を何というか。	圧力団体（利益集団）
★★★☆☆☆		
2 □□□	経団連のような、全国的な規模で組織された企業家集団のことを何というか。	経営者団体
★★☆☆☆☆		
3 □□□	大資本を中心とした企業経営者や実業家などが構成している社会のことを何というか。	財界
★☆☆☆☆☆		
4 □□□	ある特定の事業分野の企業や集団の団体を何というか。	業界団体
★☆☆☆☆☆		
5 □□□	全国的規模で組織された労働組合のナショナル・センターのことを何というか。	労働団体
★☆☆☆☆☆		
6 □□□	農業経営者が協同してその営農及び生活上の必要を満たすための総合的組織を何というか。	JA（農業協同組合）
★☆☆☆☆☆		
7 □□□	特定の争点のみに関心を絞って、主張や活動を行なう団体のことを何というか。	単一争点集団
★★★☆☆☆		
8 □□□	圧力団体の利益のために、議会内のロビーなどで圧力活	ロビイスト

動をする人々のことを何というか。

★★★★★★
9
□□□ 政界（政治家）と官界（官僚）と財界（経済界）が、既得権益を守る鉄のトライアングルとなっている状態を批判して表現された言葉は何か。

政官財の癒着

現代の政治と民主社会

第5章　国家と国際関係

❶ 国際関係の基本的要因　　　　　　　　　　　用語集 p.95～100

■国際社会の構造

★★★★★★	
1 □□□ 相互に独立・平等な<u>主権国家</u>によって構成される社会を何というか。	国際社会
★★☆☆☆☆ 2 □□□ 中世ヨーロッパにおいて西ヨーロッパ社会の精神的な権威として強大な政治権力を持ち、現在においても国際世論に影響力を持つ、ローマ・カトリック教会の最高位の司教は誰か。	ローマ教皇
★★★★★☆ 3 □□□ ドイツを中心として起こった<u>三十年戦争</u>の講和のため1648年に開かれた国際会議で調印された、主権国家の確立などが合意された条約を何というか。	ウェストファリア条約
★☆☆☆☆☆ 4 □□□ 国家が対等であるという原則を明文化したウェストファリア条約によってつくられた、主権国家が対等に並び立つ国際関係のことを何というか。	ウェストファリア体制
★★★★★☆ 5 □□□ 1618年から1648年まで、キリスト教の新旧両派の内戦を機に起こったドイツの<u>宗教戦争</u>のことを何というか。	三十年戦争
★☆☆☆☆☆ 6 □□□ 国家と国家の関係及び国際連合などの国際機関と国家との関係のことを何というか。	国際関係
★★★★☆☆ 7 □□□ 国際社会の中で展開される政治のことを何というか。	国際政治
★★★★★★ 8 □□□ 国際社会の基本構成単位で、他国などから干渉（かんしょう）や政治的支配を受けない独立した国家のことを何というか。	主権国家
★★★★☆☆ 9 □□□ 国民を単一の制度によって統一し、言語・生活様式・法制度などで国民としての一体感ある国家のあり方を何というか。	国民国家
★★★★☆☆ 10 □□□ 国際社会において主権国家は国土の大小、人口の多少にかかわらず、すべて平等に扱われ、相互に対等であるという考えを何というか。	主権平等
★★★★☆☆ 11 □□□ 各国の主権を尊重し、各国の国内政治に関しては、その	内政不干渉

	国の決定に任せ、他国が干渉しないという、国際法上の原則を何というか。	
★★★★★★ 12 □□□	国家の主権が及ぶ範囲のことを何というか。領土・領海・領空からなる。	領域
★★★★★★ 13 □□□	国家の主権が及ぶ範囲の地域のことを何というか。	領土
★★★★★★ 14 □□□	領土に接し、その国の主権が及ぶ海域を何というか。	領海
★★★★★★ 15 □□□	その国の主権が及ぶ、領土と領海の上空を何というか。	領空
★★★★★★ 16 □□□	各国の主権が及ばない水域のことを何というか。	公海
★★★★★☆ 17 □□□	沿岸国が管轄権を領海の外に延長して行使することが国連海洋法条約で認められている、領海の外側に接続する一定範囲の水域のことを何というか。基線から24海里（領海の外側12海里）の水域。	接続水域
★★★★★★ 18 □□□	沿岸から200海里において、沿岸国の漁業及び海底の鉱物資源に関しての支配権を認める水域のことを何というか。	排他的経済水域
★★★★★☆ 19 □□□	大陸の周辺部の海域で、大陸の延長で浅い部分から急に深くなった地点までを何というか。	大陸棚
★★★★★★ 20 □□□	公海自由の原則をもとにしながら、領海12海里、200海里の排他的経済水域、深海底制度を定めるなどした、各国の海洋利用に関する条約を何というか。	国連海洋法条約
★☆☆☆☆☆ 21 □□□	国連海洋法条約の解釈及び適用の過程で生じる様々な紛争を解決するために1996年に設置され、その判決には法的拘束力がある機関を何というか。	国際海洋法裁判所
★☆☆☆☆☆ 22 □□□	国連海洋法条約に明記されている、沿岸国の平和や秩序を乱さなければ他国船が事前通告なく領海を通過できる権利のことを何というか。	無害通航権
★★★★★★ 23 □□□	人類を遺伝子的要素、体質的に分類し、毛髪の形・色、皮膚の色、鼻の形などで便宜的に区分したものを何というか。	人種
★★★★★★ 24 □□□	人類を言語・社会・経済・宗教・習俗など、主に文化的	民族

要素によって分類、区分したものを何というか。

★★★☆☆☆ **25** □□□	歴史的に形成された民族を基盤としてつくられた国家のことを何というか。	民族国家
★★★★★★ **26** □□□	「国家主義」などと訳される、民族国家の統一や独立、発展を強調する運動やその思想を何というか。	ナショナリズム
★★★★☆☆ **27** □□□	民族の独立と統一を最も重視する思想や運動のことを何というか。	民族主義
★★★☆☆☆ **28** □□□	それぞれの国家が持っている独自の利益のことを何というか。	国家的利益（国益、ナショナル・インタレスト）
★★★★★☆ **29** □□□	国家間における領土・資源・貿易・宗教・イデオロギーなどをめぐる利害や対立を何というか。	国際紛争
★★★☆☆☆ **30** □□□	1つの国家または社会の中に、複数の人種、民族が持つ言語、文化の共存を認め、そのための政策を積極的にすすめる考えを何というか。	多文化主義
★★★★★★ **31** □□□	神や仏を信仰し、救いや幸福を得ようとする人間の心の働きのことを何というか。	宗教
★★☆☆☆☆ **32** □□□	宗教の違いが原因となって国家間の戦争が起きたり、内戦が起きたりすることを何というか。	宗教対立
★★☆☆☆☆ **33** □□□	イスラーム教の聖典である『クルアーン』を最も重要な源泉とする、ムスリム（イスラーム教徒）が何を実践すべきかが具体的に示されている規則のことを何というか。	イスラーム法（シャリーア）
★★☆☆☆☆ **34** □□□	預言者ムハンマドの言行によって示された範例であるスンナや共同体の合意を重視し、歴代のカリフをムハンマドの後継者と認めるグループを何というか。	スンニ派（スンナ派）
★★★☆☆☆ **35** □□□	イスラーム教の教派でアリーとその子孫のみをムハンマドの正統な後継者と認めるグループを何というか。	シーア派
★★★★★★ **36** □□□	2001年9月11日、3機のハイジャックされた旅客機がアメリカのニューヨークにあった世界貿易センタービルとワシントンの国防総省に突入した事件を何というか。	同時多発テロ

★★★☆☆☆ 37 □□□	同時多発テロをきっかけとした、アメリカとその他の国の有志連合による外交、軍事、経済、人道支援などを通じたテロリズムとの戦いのことを何というか。	テロとの戦い
★☆☆☆☆☆ 38 □□□	2002年に始まった、アフガニスタン開発支援に関する会議のことを何というか。	アフガニスタン復興支援国際会議
★☆☆☆☆☆ 39 □□□	1983年に、中村哲医師のパキスタンでの医療活動を支援する目的で結成された国際NGO(NPO)団体を何というか。	ペシャワール会
★☆☆☆☆☆ 40 □□□	世界的規模の環境破壊などの、1国の枠内では解決が困難な一連の問題のことを何というか。	地球的問題群
★☆☆☆☆☆ 41 □□□	安全保障や経済・文化面での協力を進めるため、2001年に中国主導のもと中央アジアの国々を中心に結成された連合体を何というか。	上海協力機構
★☆☆☆☆☆ 42 □□□	アジア地域において、開発途上国への金融支援を行なうために設立され、日本が最大の出資国となっている国際開発金融機関を何というか。	アジア開発銀行

■国際法と安全保障

★★★★★★ 1 □□□	国家間の合意に基づき、国家間の関係を規律する法を何というか。	国際法
★☆☆☆☆☆ 2 □□□	国際法に対して自国内の主権の及ぶ範囲に効力を持つ法を何というか。	国内法
★★★★★★ 3 □□□	国際社会にも人間の理性に基づく自然法が存在すると主張した、17世紀のオランダの法学者は誰か。「国際法の父」と呼ばれる人。	グロティウス
★★★★★★ 4 □□□	三十年戦争の悲惨な状況をみて、戦争であっても守られなければならない法が存在することを主張した、グロティウスの著作は何か。	『戦争と平和の法』
★★★★★☆ 5 □□□	外洋は、公海としていずれの国にも属さず、すべての国の自由な使用に解放される、という原則を何というか。	公海自由の原則
★★★☆☆☆ 6 □□□	「海洋はいずれの国も占有し得ない自由な場所である」という海洋自由の原則を提唱した、グロティウスの著作は	『海洋自由論』

何か。

★★★★★☆ 7 ☐☐☐	国際社会において、歴史的に認められてきた慣習が拘束力を持つようになった不文法を何というか。国際法の大部分はこれであったが、主要なものは条約化されている。	国際慣習法
★★★☆☆☆ 8 ☐☐☐	外交使節団と外交官が、駐在する国で受ける優遇された権利のことを何というか。	外交特権
★★★★★★ 9 ☐☐☐	国家間の合意を明文化したものを何というか。これには、憲章、規約、宣言などといった名称のものもある。	条約
★★★☆☆☆ 10 ☐☐☐	条約の一種で、国家間の文書による取り決めを何というか。	協定
★★☆☆☆☆ 11 ☐☐☐	国際慣習法に対して成文化された国際法のことを何というか。	成文国際法
★★★★★★ 12 ☐☐☐	ウィーン会議後、戦争防止の方策として考えられてきた政策を何というか。敵対関係にある国の軍事力が釣り合いを保っていれば、平和が維持されるとする考え。	勢力均衡(バランス・オブ・パワー)
★★☆☆☆☆ 13 ☐☐☐	軍事的な結びつきによってつくられた国際関係のことを何というか。	軍事同盟
★★☆☆☆☆ 14 ☐☐☐	国際社会における政治は、結局は軍事力や国力といった力によって左右されるという考えを何というか。	権力政治(パワー・ポリティックス)
★★☆☆☆☆ 15 ☐☐☐	平和を守るために、国際的な機構を設けて、国際紛争を解決していこうとするものを何というか。	国際平和機構
★★★☆☆☆ 16 ☐☐☐	1713年に『永久平和の計画(永久平和論)』を発表し、戦争放棄、恒久的国際機構、国際裁判所、国際軍の設立などを提唱したフランスの平和思想家は誰か。	サン゠ピエール
★★★★☆☆ 17 ☐☐☐	1795年に、著作『永遠平和のために』の中で、国際平和機構の構想を主張した、ドイツの哲学者は誰か。	カント
★★★★☆☆ 18 ☐☐☐	カントが1795年に著した、永久平和の道を説いた著作は何か。	『永遠平和のために(永久平和論)』
★☆☆☆☆☆ 19 ☐☐☐	1865年にフランスのパリで設立され、世界最古の国際機関とされている、電信に関する国際的な連合体を何とい	万国電信連合

うか。

★★★★★★

20 □□□	第一次世界大戦前の緊迫した世界情勢を緩和するために、1899年と1907年の2回にわたりオランダのハーグで開催され、「陸戦法規（条約）」と呼ばれる戦時国際法の成立、常設仲裁裁判所の創設を決めた会議を何というか。	ハーグ平和会議
21 □□□	国際紛争を解決するために国際法に基づいて行なわれる裁判のことを何というか。	国際裁判
22 □□□	国際的に活動する非政府組織（NGO）や企業など、国家ではないが国際法の規律対象となるものを何というか。	非国家主体
23 □□□	1901年、ハーグ条約によってオランダのハーグに創設された国際仲裁のための裁判所のことを何というか。	常設仲裁裁判所

❷ 国際機関の役割

用語集 p.100〜109

■国際連盟

1 □□□	1914〜18年、ヨーロッパ列強の帝国主義政策がバルカン半島で衝突し、植民地再分割を求めるドイツを中心とする三国同盟側とそれを迎え撃つ三国協商側との間で起きた戦争のことを何というか。	第一次世界大戦
2 □□□	1882年、ドイツが、フランスを孤立させるためにオーストリア、イタリアとの間で結んだ軍事同盟を何というか。	三国同盟
3 □□□	イギリス、フランス、ロシアの間に締結された対ドイツ包囲体制の軍事同盟のことを何というか。	三国協商
4 □□□	1919年、第一次世界大戦を終結させるために、パリ講和会議で連合国側とドイツの間に結ばれた講和条約のことを何というか。	ヴェルサイユ条約
5 □□□	国際連盟の設立を呼びかけた、アメリカ大統領は誰か。	ウィルソン
6 □□□	国際連盟は、アメリカ大統領ウィルソンが提案した戦後処理構想に基づいている。彼の提案を何というか。	平和原則14カ条
7 □□□	1920年に42カ国が参加して発足した、集団安全保障方式を採用する最初の国際組織を何というか。	国際連盟

★★★★★★		
8 ☐☐☐	対立関係にある国家をも含めて関係国すべてがその体制に参加し、相互に武力によって攻撃しないことを約束したうえで、違反国には集団で制裁を加えることによって相互に安全を保障する方式を何というか。	集団安全保障
★★★★★★		
9 ☐☐☐	世界のほぼすべての国が加盟しているような国際機関のことを何というか。	普遍的国際組織
★★★★★★		
10 ☐☐☐	国際連盟の表決方法は、各国主権を平等に認めるため、加盟国全部の一致によってなされた。これを何というか。	全会一致制
★★★★★★		
11 ☐☐☐	国際連盟の自治的機関として、オランダのハーグに設置された国際裁判所を何というか。ここの判決には、拘束力がなかった。	常設国際司法裁判所
★★★★★★		
12 ☐☐☐	他国の紛争に巻き込まれないように、国際機構の加盟や他国との軍事同盟を避ける外交政策を何というか。	孤立主義(モンロー主義)
★★★★★★		
13 ☐☐☐	国際連盟の欠陥としては、軍事的制裁措置がなかったこと、全会一致制をとったことがあげられる。そのほか、どのようなことがあるか。	アメリカの不参加
★★★★★★		
14 ☐☐☐	1931(昭和6)年から、日本の関東軍は中国東北地方(満州)で満州事変などの一連の軍事行動を起こした。国際連盟はこの軍事行動を非難したため、常任理事国である日本がとった行動は何か。	国際連盟脱退
★★★★★★		
15 ☐☐☐	戦争の違法化は、国際連盟規約で初めて規定された。戦争の違法化について、国際連盟規約よりもさらに前進させた1928年の条約を何というか。	不戦条約(ブリアン・ケロッグ条約)
★★★★★★		
16 ☐☐☐	1939~45年、日本・ドイツ・イタリアを中心とする枢軸国とアメリカ、イギリス、フランス、ソ連、中国などを中心とする連合国との間で戦われた世界的な規模の戦争のことを何というか。	第二次世界大戦

■国際連合の成立と組織

★★★★★★		
1 ☐☐☐	1941年に、アメリカ大統領ローズヴェルトが議会への教書で述べ、その後の国際連合憲章や世界人権宣言の基調にもなった、言論・表現の自由、信仰の自由、欠乏から	4つの自由

の自由、恐怖からの自由のことを何というか。

★★★ ★★★ **2** ☐☐☐ 1941年、アメリカ大統領ローズヴェルトとイギリス首相チャーチルの首脳会談によって作成された、第二次世界大戦後の民主主義と国際協調の構想が示され、国際連合成立への基礎となった外交文書を何というか。	大西洋憲章
★★★ ★★★ **3** ☐☐☐ 1944年、アメリカ・イギリス・ソ連・中華民国の代表が集まり、国際連合憲章の原案を討議した国際会議を何というか。	ダンバートン・オークス会議
★★★ ★★★ **4** ☐☐☐ 1945年2月、クリミア半島のヤルタで、アメリカ・イギリス・ソ連の連合国首脳が行なった会談を何というか。	ヤルタ会談
★★★★★★ **5** ☐☐☐ 第二次世界大戦後の1945年10月、51カ国の加盟で発足した国際平和機構を何というか。	国際連合(国連・U.N.)
★★★★★★ **6** ☐☐☐ 1945年の<u>サンフランシスコ会議</u>において、50カ国によって調印された国際連合の組織と基本原則に関する条約を何というか。	国際連合憲章(国連憲章)
★ ★★★★★ **7** ☐☐☐ 国際社会で重要な役割を果たしている、国際連合などに代表される国家間で組織された団体のことを何というか。	政府間国際組織
★★★★ ★★ **8** ☐☐☐ 国際社会で各国が協力関係を持ち、国際間の諸問題を解決しようとすることを何というか。国際連合はこれを通じて、各国間の対立や戦争が発生する基本的原因を取り除くことを目指している。	国際協力
★★★★★★ **9** ☐☐☐ 国連の6つの<u>主要機関</u>の1つで、全加盟国で構成され、<u>各国1票</u>の投票権を持つ会議を何というか。	国際連合総会(国連総会)
★★★ ★★★ **10** ☐☐☐ 毎年1回、定期的に開催される国際連合総会のことを何というか。	通常総会
★★★ ★★★ **11** ☐☐☐ 加盟国の過半数の要請または安全保障理事会の要請があった場合に開催される国際連合総会のことを何というか。	特別総会
★★★ ★★★ **12** ☐☐☐ 1950年の「平和のための結集」決議に基づいて安全保障理事会の9カ国の賛成投票、または加盟国の過半数の要請により、24時間以内に招集される特別総会のことを何というか。	緊急特別総会

★★★★☆☆		
13 ☐☐☐	軍縮問題が本格的に討議された1978年以降の国連の特別総会のことを何というか。	国連軍縮特別総会
★★★★★★		
14 ☐☐☐	国連で安全保障の問題を話し合う主要機関を何というか。国際平和と安全維持のために主要な責任を負う理事会であり、ここでの決定は、各加盟国に対して拘束力を持つ。	安全保障理事会(安保理)
★★★★★★		
15 ☐☐☐	安全保障理事会で拒否権を持つ、アメリカ・イギリス・ロシア・フランス・中国の任期のない5カ国のことを何というか。	常任理事国
★★★★★★		
16 ☐☐☐	安全保障理事会の実質事項に関する議案は、1つの常任理事国でも反対すれば否決される。この常任理事国が持っている権限を何というか。	拒否権
★★★★★☆		
17 ☐☐☐	安全保障理事会において、実質事項を決定する際には、すべての常任理事国を含む9理事国の賛成が必要である。この原則を何というか。	大国一致の原則
★★☆☆☆☆		
18 ☐☐☐	他国に比べて格段の政治力・軍事力・経済力を持ち、国際政治の場面で強い発言力を持つ国のことを何というか。かつては冷戦下のアメリカとソ連を意味した。	超大国
★★★★★☆		
19 ☐☐☐	安全保障理事会は、常任理事国の5カ国と任期2年の10カ国で構成される。この10カ国のことを何というか。	非常任理事国
★★★★★★		
20 ☐☐☐	経済的・社会的・文化的な国際問題の処理にあたる、国連の主要機関を何というか。	経済社会理事会
★★★★★★		
21 ☐☐☐	国際紛争を平和的に解決するために設置されている、国連の司法機関を何というか。ここでの判決には、拘束力がある。ただし、強制的に裁判を行なうことはできない。	国際司法裁判所(ICJ)
★★★★★★		
22 ☐☐☐	国際連合の各機関の運営について、その事務を処理する機関を何というか。ニューヨークにある国連本部で活動しており、最高責任者は事務総長。	事務局
★★★★★☆		
23 ☐☐☐	住民が自立できず信託統治下にある地域の向上と独立の援助をはかることを目的とする国際連合の主要機関で、1994年以降は活動を停止している機関を何というか。	信託統治理事会
★★★★☆☆		
24 ☐☐☐	国際連合加盟国が、その能力に応じて国連の経費を賄う	国連分担金

うために負担する資金のことを何というか

★★★★★☆
25
□□□ 国家間紛争や国内紛争などで重大な非人道的行為を犯した個人を裁くための常設裁判所を何というか。 → 国際刑事裁判所（ICC）

★★★★★★
26
□□□ 母国を追われて難民となった人々に食糧支援など国際的な保護を与える機関を何というか。 → 国連難民高等弁務官事務所（UNHCR）

★★★★☆☆
27
□□□ 各国政府に対して人権状況の改善を勧告している国際連合の組織を何というか。 → 国連人権理事会

■国際連合と安全保障

★★★★★★
1
□□□ 1950年に国際連合総会で採択された、緊急特別総会が招集され得ることを規定し、また総会が侵略防止の勧告をなし得ることを規定した国連決議を何というか。 → 「平和のための結集」決議

★★★★★★
2
□□□ 国連は武力衝突や侵略行為があった場合、武力制裁を含む軍事的措置をとることを規定している。軍事的措置のために、出動する組織を何というか。 → 国際連合軍（国連軍・UNF）

★★★★★★
3
□□□ 国連軍と称して派遣され、直接軍事行動をとった最初のものは何戦争のときか。 → 朝鮮戦争

★★★★★★
4
□□□ 国際連合が、紛争現地の治安維持や監視のための小部隊や監視団を派遣して、事態の悪化や拡大を防止する活動のことを何というか。 → 国連平和維持活動（PKO）

★★★★★★
5
□□□ 国連の平和維持活動に従事する部隊で、軽火器を保有し、停戦や兵力引き離し、武装解除などの監視や監督を任務とするものを何というか。 → 国連平和維持軍（PKF）

★★★★★★
6
□□□ 国連の平和維持活動に従事する部隊で、通常は非武装で、停戦違反を調査する活動を任務とするものを何というか。 → 停戦監視団

■人権の国際化

★★★★★★
1
□□□ 1948年、第3回国連総会で採択された人権に関する宣言を何というか。人権を保障することは、世界における自由、正義及び平和の基礎であるとしている。 → 世界人権宣言

★★★★★★
2
□□□ 世界人権宣言に法的拘束力を持たせて条約化し、各国に → 国際人権規約

その実施を義務づけたものを何というか。1966年の国連総会で採択され、1976年に発効した。

★★★★★☆ 3 □□□	国際人権規約を構成する1つで、「社会権規約」または「A規約」といわれているものは何か。	経済的・社会的及び文化的権利に関する国際規約
★★★★★☆ 4 □□□	国際人権規約を構成する1つで、「自由権規約」または「B規約」といわれているものは何か。	市民的及び政治的権利に関する国際規約
★★★★☆☆ 5 □□□	条約をさらに発展、充実させる目的で、条約本文とは別に独立して作成される国際法のことを何というか。	選択議定書
★★★☆☆☆ 6 □□□	障がい者の人権と基本的自由の享有を確保し、障がい者の固有の尊厳の尊重を促進することを目的として、2006年に国際連合総会で採択された条約を何というか。	障害者権利条約
★★★★★★ 7 □□□	1965年に採択された、国連においてあらゆる形態の人種差別を禁止する条約を何というか。日本は、1995年になって批准した。	人種差別撤廃条約
★★★★☆☆ 8 □□□	1948年から1991年まで、南アフリカ共和国がとってきた白人優位の人種差別政策を何というか。	アパルトヘイト
★★★★★★ 9 □□□	第二次世界大戦中、ナチス政権のユダヤ人などに対する集団殺害の特異性を示すためにつくられた言葉は何か。	ジェノサイド
★★★☆☆☆ 10 □□□	1948年に国際連合総会で採択され、1951年に発効した、集団殺害罪の防止及び処罰に関する条約を何というか。	ジェノサイド条約
★★★★☆☆ 11 □□□	国や特定の集団によって一般国民に対してなされた謀殺、絶滅を目的とした大量殺人、奴隷化、追放その他の非人道的行為を何というか。	人道に対する犯罪
★★★★★★ 12 □□□	人種・宗教・政治的意見などを理由として迫害を受ける可能性があるために自国外におり、自国の保護を受けることのできない人々のことを何というか。	難民
★★★★★★ 13 □□□	国際連合が、難民の人権保護と難民問題の解決を目指し、国際協力を効果的にするために1951年に採択し1954年に発効した条約を何というか。	難民の地位に関する条約（難民条約）

★★★★★★ **14** ☐☐☐	難民が再び迫害を受けかねない地域へ送り戻されることを禁じる国際法規範を何というか。	ノン・ルフールマンの原則
★★★★★☆ **15** ☐☐☐	国内にとどまりながらも故郷を追われ、難民と同じような状況にある人々を何というか。	国内難民
★★★★☆☆ **16** ☐☐☐	難民が、最初に保護された国から、その受け入れに同意した第三国へ移ることを何というか。	第三国定住
★★★★★★ **17** ☐☐☐	1989年、児童の権利保障を各国政府に義務づけるため、国連総会で採択された条約を何というか。子どもを、権利の主体としてとらえる条約で、日本は1994（平成6）年に批准した。	児童の権利に関する条約（子どもの権利条約）
★★★★★★ **18** ☐☐☐	純粋に民間に組織された団体として、平和や人権、福祉などの問題に活動している組織を何というか。	NGO（非政府組織）
★★★★☆☆ **19** ☐☐☐	死刑の廃止などを国際世論に訴え、人権擁護を行なおうとする国際組織で、1977年ノーベル平和賞を受賞したNGOを何というか。	アムネスティ・インターナショナル
★★★★☆☆ **20** ☐☐☐	利益を追求することなく、社会に有用なサービスを提供する民間の組織を何というか。	民間非営利団体（NPO）

❸ 国際政治の動向

用語集 p.110〜127

■戦後の対立から冷戦へ

★★★★★☆ **1** ☐☐☐	第二次世界大戦後の、アメリカを中心とする<u>資本主義陣営</u>とソ連を中心とする<u>社会主義陣営</u>との対立を何というか。この対立が冷戦を招くことになった。	東西対立
★★★★★☆ **2** ☐☐☐	冷戦中、アメリカと西ヨーロッパの北大西洋条約機構加盟国で日本などの資本主義経済体制をとり、アメリカとの軍事同盟関係を持っていた国々を何というか。	西側陣営
★★★★★☆ **3** ☐☐☐	冷戦中、ソ連を中心として、東ヨーロッパ諸国などの計画経済を実施する社会主義経済体制をとった国々のことを何というか。	社会主義陣営（東側陣営）
★★★★☆☆ **4** ☐☐☐	第二次世界大戦後、アメリカが、ヨーロッパやアジア諸国が社会主義化することを恐れてとった共産主義封じ込	トルーマン・ドクトリン

	め政策を当時の大統領の名をとって何と呼んだか。	
★★★★☆☆ **5** ☐☐☐	1947年、アメリカが発表したヨーロッパ諸国の経済復興計画のことを国務長官の名をとって何というか。	マーシャル・プラン
★★★★☆☆ **6** ☐☐☐	1947年にソ連が各国共産党との連絡提携を強化するために設けた「共産党情報局」のことを何というか。	コミンフォルム
★★★★★★ **7** ☐☐☐	米ソをリーダーとする2つの国家群間の、全面戦争を回避する形をとった慢性的な紛争状態を何というか。第二次世界大戦後から1989年まで続いた。	冷戦（冷たい戦争）

■地域的集団安全保障

★★★★★★ **1** ☐☐☐	1949年、アメリカ、カナダと西ヨーロッパ諸国との間で結成された軍事同盟を何というか。冷戦後、大きく変化し、危機管理型の安保機構へと姿をかえつつある。	北大西洋条約機構 （NATO）
★★★★☆☆ **2** ☐☐☐	1955年、NATOや西ドイツの再軍備に対抗して結成された、ソ連を中心とする東側陣営諸国による集団安全保障体制を何というか。	ワルシャワ条約機構 （ワルシャワ相互防衛援助機構、WTO）
★☆☆☆☆☆ **3** ☐☐☐	1948年に発足した、南・北アメリカ大陸の機構のことを何というか。	米州機構（OAS）
★★★☆☆☆ **4** ☐☐☐	アフリカ55カ国・地域が加盟する地域機関のことを何というか。	アフリカ連合（AU）

■冷戦と冷戦終結の動き

★★★★☆☆ **1** ☐☐☐	1961年、東ドイツとソ連が、西ベルリンを取り囲んで築いた壁のことを何というか。	ベルリンの壁
★★★★★☆ **2** ☐☐☐	核兵器を保有し、核兵器による報復力を持つことで、対立する国に核攻撃を思いとどまらせ、自国の安全が保たれるとの考えを何というか。	核抑止論
★★★★☆☆ **3** ☐☐☐	カストロによる革命後のキューバにソ連のミサイル基地が設けられたことから生じた米ソの冷戦下の対立を何というか。	キューバ危機
★★★★☆☆ **4** ☐☐☐	冷戦下での米ソの対立、緊張関係が1960年代後半から	デタント（緊張緩和）

1970年代前半にゆるみ、友好関係に向かった出来事を何というか。	
★★★★★☆ **5** □□□ 1979年のソ連による<u>アフガニスタン侵攻</u>以降の1970年代末からの米ソ対立を何というか。	新冷戦
★★★★★☆ **6** □□□ 1989年12月、アメリカの<u>ブッシュ</u>大統領とソ連の<u>ゴルバチョフ</u>共産党書記長との間で行なわれた首脳会談を何というか。この会談で、米ソは第二次世界大戦後から続いてきた東西対立に終止符を打ち(<u>冷戦の終結</u>)、平和共存路線を確認した。	マルタ会談
★★★☆☆☆ **7** □□□ 1975年、ヘルシンキでの首脳会議によって結成された会議を何というか。1990年の会議では、ヨーロッパの東西分断と対立に終止符を打つ<u>パリ憲章</u>が締結された。	全欧安全保障協力会議(CSCE)
★★★☆☆☆ **8** □□□ 1995年、<u>CSCE</u>から発展し、冷戦後のヨーロッパの新しい安全保障秩序の中核的存在として常設機構化されたものを何というか。全ヨーロッパをカバーする唯一の国際機構である。	全欧安全保障協力機構(欧州安保協力機構、OSCE)

■ 発展途上国の動き

★★★★★☆ **1** □□□ 社会体制を超えての平和共存、民族独立運動への支持、いかなる軍事同盟にも属さない、という立場のことを何というか。インドの<u>ネルー</u>が、最初の提唱者である。	非同盟中立(非同盟主義)
★★★☆☆☆ **2** □□□ インドのネルー、エジプトのナセル、ユーゴスラビアのチトーらによって発足した、<u>非同盟主義</u>をとる国々の会議を何というか。1961年、ユーゴスラビアのベオグラードで第1回会議が開かれた。	非同盟諸国首脳会議
★★★★☆☆ **3** □□□ 1955年、発展途上国が集まって、植民地独立や世界平和の推進などを話し合った会議を何というか。この会議で「<u>平和十原則</u>」が宣言された。	バンドン会議(アジア・アフリカ会議、A・A会議)

■ 民族問題と地域紛争

★★★★☆☆ **1** □□□ ある民族がほかの民族や国家の干渉を受けることなく、自らの意思で政治のあり方を決めることを何というか。	民族自決

★★★★☆☆ 2 ☐☐☐	自分の属している民族や人種などの集団の文化を最も正しく、優れたものとする考えや態度のことを何というか。	自民族中心主義（エスノセントリズム）
★★★★★☆ 3 ☐☐☐	1948年の<u>イスラエル建国</u>に伴い発生したユダヤ人とパレスチナの地に住むアラブ人との民族、宗教の違いや歴史的対立による問題を何というか。	パレスチナ問題（紛争）
★★★★★☆ 4 ☐☐☐	ユダヤ人国家の建国という<u>シオニズム運動</u>によって第二次世界大戦後の1948年にパレスチナの地に建設された共和国を何というか。	イスラエル
★★★★★★ 5 ☐☐☐	1990年、イラク軍はクウェートに侵攻、制圧し、国家統合を宣言した。これに対し、国連は武力行使を認め、<u>多国籍軍</u>がイラク軍を撤退させた戦争を何というか。	湾岸戦争
★★★★★★ 6 ☐☐☐	アメリカはイラクが大量破壊兵器を保有しているとして、軍事力で、<u>フセイン政権</u>を倒した。この戦争を何というか。	イラク戦争
★★★★★★ 7 ☐☐☐	自国の主張のみが正義であり、世界はそれに従っていればよく、この秩序を保つためであれば戦争も含めて、いかなる行為に出ることも許されるとする考えを何というか。	単独行動主義（ユニラテラリズム）
★★★★★☆ 8 ☐☐☐	冷戦後の1990年から1995年まで、民族紛争が続いた東ヨーロッパの国はどこか。かつては、6つの共和国、5つの民族で構成される、社会主義連邦国家であった。	ユーゴスラビア
★★★★★★ 9 ☐☐☐	2011年、北アフリカ、西アジア地域の各国で本格化した一連の<u>民主化運動</u>のことを何というか。	「アラブの春」
★★★★★☆ 10 ☐☐☐	イラクからシリアにまたがる地域で凶悪なテロ活動を行なっている、イスラーム教過激組織を何というか。2014年に「国家」を宣言した集団。	イスラム国（IS）

■核兵器と軍縮

★★★★★★ 1 ☐☐☐	<u>ラッセル</u>と<u>アインシュタイン</u>の提唱によって開かれた、世界の科学者による、核兵器絶滅への会議を何というか。	パグウォッシュ会議

★★★★★★

2
☐☐☐ アメリカとソ連（現ロシア）の間で締結された長距離弾道核ミサイル削減を目的とした核兵器削減条約のことを何というか。

戦略兵器削減条約（START）

★★★★★★

3
☐☐☐ 2011年に発効したアメリカとロシアの核軍縮条約を何というか。双方とも2018年までに戦略核弾頭数を1550発まで削減するとともに、<u>大陸間弾道ミサイル</u>や<u>潜水艦発射弾道ミサイル</u>などの核運搬手段も削減する内容を約束した。

新戦略兵器削減条約（新START）

★★★★★★

4
☐☐☐ 米ソ間で1987年に成立した、地上に配備された中距離核ミサイル廃止条約を何というか。史上初の核兵器廃止条約であったが、2019年、アメリカはこの条約からの離脱を決定し、この条約は失効した。

中距離核戦力全廃条約（INF全廃条約）

★★★★★★

5
☐☐☐ 1968年、核兵器保有国の増加を防ぐためにつくった条約を何というか。この条約に加盟する非核保有国は、<u>国際原子力機関</u>の核査察を受ける義務を負っている。

核拡散防止条約（NPT）

★★★★★★

6
☐☐☐ 1957年に設立された原子力平和利用のための国際機関を何というか。核物質の軍事利用を防ぐため、非核保有国に対しては核査察を実施している。

国際原子力機関（IAEA）

★★★★★☆

7
☐☐☐ 1963年、アメリカ・イギリス・ソ連の3カ国によって締結された核実験禁止条約を何というか。これによって、ひとまず大気圏と水中での核実験が禁止になった。

部分的核実験禁止条約（PTBT）

★★★★★★

8
☐☐☐ 1996年、国連総会で採択された核の保有国、非保有国を問わず、あらゆる核実験・核爆発を禁止する条約を何というか。

包括的核実験禁止条約（CTBT）

★★★★★★

9
☐☐☐ 1999年に発効した、人に対する地雷の使用や生産などを禁止し、その廃棄を定めた条約を何というか。

対人地雷禁止条約（オタワ条約）

★★★★★★

10
☐☐☐ 2017年、国連で採択された核兵器の全廃と根絶を目的とする条約を何というか。

核兵器禁止条約

④ 国際政治と日本

用語集 p.128〜131

★★★★★☆

1
☐☐☐ 1951（昭和26）年、日本が連合国側48カ国と結んだ平和条約を何というか。この条約で、日本は国際社会への復帰

サンフランシスコ平和（講和）条約

	が認められたが、ソ連などは調印しなかった。	
★★★★★★		
2 ☐☐☐	1956（昭和31）年、ソ連との戦争状態を終了させ、国交回復を規定した条約を何というか。この条約を受けて、同年、日本の国連加盟が認められた。	日ソ共同宣言
★★★★★☆		
3 ☐☐☐	1965（昭和40）年に締結した、日本と韓国との国交正常化に関する条約を何というか。この条約で、日本は韓国を朝鮮半島における唯一の合法政府と認めている。	日韓基本（関係）条約
★★★★★★		
4 ☐☐☐	1970年頃から1980年頃に、北朝鮮工作員によって日本人が無理やり北朝鮮に連れていかれた問題を何というか。2002（平成14）年に5人の被害者とその家族の帰国が実現したが、全面解決はしていない。	日本人拉致問題
★★★★★☆		
5 ☐☐☐	日中共同声明によって国交正常化した日本と中国との間に、1978（昭和53）年、恒久的な平和友好関係を発展させることを約束し、結ばれた条約を何というか。	日中平和友好条約
★★★★★☆		
6 ☐☐☐	日本外交の三原則は、アジアの一員としての立場の堅持、自由主義国との協調と、もう1つは何か。	国連中心主義
★★★★★★		
7 ☐☐☐	国の領域が、どの範囲までなのかをめぐる周辺国との対立を何というか。	領土問題
★★★★★☆		
8 ☐☐☐	第二次世界大戦後、ロシア（旧ソ連）によって占拠されている日本固有の領土である国後島、択捉島、歯舞群島、色丹島の返還問題を何というか。	北方領土問題
★★★★★★		
9 ☐☐☐	日本が自国領土として実効支配する沖縄県石垣市に属する諸島をめぐり、台湾と中国が領有権を主張していることから発生している外交問題を何というか。	尖閣諸島問題
★★★★★★		
10 ☐☐☐	日本が自国領土と主張している島根県に属する島をめぐり、韓国が実効支配をしていることから発生している外交問題を何というか。	竹島問題
★★★☆☆☆		
11 ☐☐☐	青年海外協力隊の派遣、技術協力のための人材養成、無償技術協力の調査、開発協力、国際緊急援助隊などの事業を国際協力のために行なっている日本の独立行政法人のことを何というか。	国際協力機構（JICA）

12
☐☐☐ ソマリア沖やアデン湾での海賊行為から、日本に関係する船舶の航行を守るための法律を何というか。これにより海上保安官は武器の使用も認められる。2009（平成21）年に制定。

海賊対処法

第1章 経済社会の変容

① 資本主義経済体制の成立と発展 〔用語集〕p.134〜138

■資本主義経済の成立

★★★★★★ 1 □□□	財やサービスを生産・交換・分配・消費する活動を何というか。	経済
★★☆☆☆☆ 2 □□□	イギリスで起こった土地囲い込み運動で、15世紀から17世紀の第1次と18世紀から19世紀の第2次があり、多くの農民が都市の工場労働者となり、資本主義に不可欠な、雇われて働く労働者がつくり出されることになる運動を何というか。	エンクロージャー
★★★★★☆ 3 □□□	国の富は、金や銀であり、輸出入の差額によって得られるとする考えを何というか。資本主義の発生期にみられた考えである。	重商主義
★★★☆☆☆ 4 □□□	資本主義初期にあらわれた生産方式で、資本家が労働者を仕事場に集め、分業の方式で、手と道具を用いて商品を生産する方法を何というか。	マニュファクチュア（工場制手工業）
★★★★★★ 5 □□□	道具から機械へと生産手段が変化することによって生じた、経済・社会上の大変革を何というか。18世紀後半のイギリスで始まり、工場制機械工業を出現させた。	産業革命
★★★★★★ 6 □□□	産業革命を経て成立した、生産手段の私有が認められ、利潤の獲得を目指して、自由に生産活動することができる経済体制を何というか。。	資本主義経済（資本主義）
★★★★★★ 7 □□□	土地や農機具、機械設備や工場、原材料など、生産活動に必要な手段を何というか。	生産手段
★★★★★★ 8 □□□	食料・衣料・住宅など、人間が生活していく上で必要な有形なものを何というか。	財（財貨）
★★★★★★ 9 □□□	医療・教育・福祉・修理など、みることも触れることもできないが人間にとって役に立つものを何というか。	サービス（用役）
★★★★★☆ 10 □□□	資源は有限であり、有限であるからこそ人々が手に入れたいと思う商品のすべてを生産することはできないこと	希少性

を何というか。

★★★★★★
11
☐☐☐ 何か欲しいものを手に入れるためには、別の何かをあきらめなければならないということを何というか。

トレードオフ

★★★★★★
12
☐☐☐ 市場における<u>需要</u>と<u>供給</u>の関係によって決まる価格を目安にして生産量や消費量を決めていく経済を何というか。

市場経済

★★★★★★
13
☐☐☐ あるものを手に入れるために、放棄したものの価値をお金で評価したものを何というか。

機会費用

★★★★★★
14
☐☐☐ 経済は市場における自由競争にゆだねるべきだとする考えを何というか。

自由放任（レッセ・フェール）

★★★★★★
15
☐☐☐ <u>古典派経済学</u>の祖とされ、個人や企業が利己心に基づいて経済活動を行なっても、市場における自由競争を通して、社会全体の利益がもたらされると説いたイギリスの哲学者・経済学者は誰か。

アダム＝スミス

★★★★★★
16
☐☐☐ 市場経済では多数の生産者と多数の消費者によって供給と需要が調整され、経済の調和が保たれることを<u>アダム＝スミス</u>は何が作用していると指摘したか。

「見えざる手」

★★★★☆☆
17
☐☐☐ <u>重商主義</u>に反対し自由経済が望ましいことを論じた、<u>アダム＝スミス</u>が1776年に出版した著作は何か。

『諸国民の富』（『国富論』）

★★★☆☆☆
18
☐☐☐ アダム＝スミスに始まり、リカード・マルサス・J. S. ミルらを主な担い手とする経済学を何というか。

古典派経済学

★★★★★★
19
☐☐☐ 財やサービスの売り上げから、生産に要した費用や仕入れに要した費用を減じたものを何というか。

利潤

★★★★★☆
20
☐☐☐ 利潤を求めて経済活動を行なうことを何というか。

利潤追求

★★☆☆☆☆
21
☐☐☐ 機械を利用し、工場の中で大規模な生産を行なう方法を何というか。

工場制機械工業

★★★★☆☆
22
☐☐☐ 19世紀初めのイギリスを象徴する表現で、世界の市場で売られている製品の多くがイギリスで製造されていることを何というか。

「世界の工場」

■資本主義経済の変容

★★★★★★ 1 □□□	少数の巨大資本（独占資本）及びそのグループが、国民経済全体を支配している経済を何というか。	独占資本主義
★★★★★★ 2 □□□	同一産業の企業が、価格や生産量などについて協定を結び、競争を避け、利潤を確保しようとすることを何というか。	カルテル（企業連合）
★★★★★★ 3 □□□	同一産業の企業合併を何というか。	トラスト（企業合同）
★★★★★★ 4 □□□	複数の産業に属する企業を株式の取得や資金貸付などを通して傘下に収めて形成される企業集団を何というか。	コンツェルン（企業連携）
★★★★★★ 5 □□□	第二次世界大戦前の日本経済を支配していた、三井、三菱、住友、安田、古河などの日本特有の<u>コンツェルン</u>を何というか。	財閥

■資本主義経済の修正

★★★★★★ 1 □□□	1929年、アメリカで起こった株価の大暴落に端を発した世界的な経済恐慌を何というか。	世界恐慌（大恐慌）
★★★★★★ 2 □□□	経済活動の自由を一部制限して、経済的な平等をできるだけ実現しようとする資本主義を何というか。資本主義が必然的にもたらす問題を国家（政府）が経済に介入しようとすることで解決しようとする。	修正資本主義
★★★★★★ 3 □□□	修正資本主義経済の理論的基礎をつくったイギリスの経済学者は誰か。	ケインズ
★★★★★★ 4 □□□	<u>ケインズ</u>の主著で失業問題の解決に貢献し、後に<u>ケインズ革命</u>と呼ばれる衝撃をもたらした著作は何か。	『雇用・利子および貨幣の一般理論』
★★★★★★ 5 □□□	働く意思と能力を持ち、就職を望む者が、すべて雇用される状況を何というか。	完全雇用
★★★★★★ 6 □□□	<u>国内総生産</u>は生産物に対する<u>総有効需要</u>によって決まるとした考えを何というか。	有効需要の原理
★★★★★★ 7 □□□	実際の貨幣の支出を伴う需要を何というか。	有効需要
★★★★★★ 8 □□□	政府が、道路や港湾の整備、治山・治水事業、産業基盤	公共事業

の整備、災害の復旧などの事業を行なうことを何という
か。

---

9 □□□
★★★★★★
アメリカ大統領<u>ローズヴェルト</u>による、1933年から実施
された不況対策を何というか。

ニューディール政策

---

10 □□□
★★★★★★
<u>ニューディール政策</u>により世界恐慌(大恐慌)を克服し、
「修正資本主義」といわれる新しい経済政策を定着させた
アメリカ合衆国第32代大統領は誰か。

ローズヴェルト

---

11 □□□
★★☆☆☆☆
ケインズが主張した有効需要の原理はそれまでの自由放
任を原則とする古典派経済学とまったく異なる考え方で
あり、その後の経済学及び経済政策に大きな影響を与え
たことから何というか。

ケインズ革命

---

12 □□□
★★★★☆☆
1979年に成立したイギリスの保守党政権で、<u>新自由主義</u>
の立場からイギリス経済の再建を目指し、国営企業の民
営化、規制緩和と金融制度改革を推進する経済政策をと
った政権を何というか。

サッチャー政権

---

13 □□□
★★★☆☆☆
1981年にアメリカ合衆国大統領に就任したレーガンによ
るアメリカ経済の再建政策のことで、サプライサイド経
済学や<u>マネタリズム</u>に基づき歳出の伸びを抑え、大幅な
減税を実施し、規制を緩和し、通貨供給を抑制する一連
の経済政策を何というか。

レーガノミクス

---

14 □□□
★★★★★★
修正資本主義において大きくなった政府の経済的役割を
見直し、大きくなりすぎた政府の役割を小さくし、市場
でできることは市場に任せようとする考えを何というか。

新自由主義

---

❷ 社会主義経済体制の成立と変容　　用語集 p.139～140

■社会主義経済の成立

---

1 □□□
★★★★★★
<u>生産手段の社会的所有</u>に基づき人間の平等を可能にする
社会をつくろうとする理論と運動を何というか。

社会主義

---

2 □□□
★★★★★★
<u>エンゲルス</u>とともに科学的な社会主義の理論を確立した
ドイツの哲学者・経済学者は誰か。

マルクス

---

3 □□□
★★★☆☆☆
社会主義に科学的根拠を与えたとされる<u>マルクス</u>の代表
的な著作で、資本家階級は労働者階級が生産したものの

『資本論』

うち、労働者に支払った賃金以上の価値を獲得していることを明らかにし、資本主義的生産の特徴を明らかにした著作は何か。

★★★★☆☆
4 □□□ マルクスとともに科学的社会主義(マルクス主義)を創設したドイツの経済学者・社会運動家は誰か。 | エンゲルス

★★★☆☆☆
5 □□□ 労働者が働いて得たものを労働者にすべて渡さないで、生産手段の所有者である資本家がその一部を取得することを何というか。 | 搾取

★★★★★★
6 □□□ 生産手段の社会的所有と中央集権的な計画経済を特徴とする経済を何というか。 | 社会主義経済

★★★★★★
7 □□□ 生産手段の私有を認めず、生産手段を国や地方公共団体の所有もしくは協同組合の所有あるいは労働組合の所有とすることを何というか。 | 生産手段の社会的所有

★★★★★★
8 □□□ 商品の生産・流通・販売などについて国や地方公共団体が計画を立てて運営することを何というか。 | 計画経済

■社会主義経済の変容

★★★★☆☆
1 □□□ 市場経済の導入、経済特区の設立など、1978年から中国で実施された新しい経済政策を何というか。 | 改革・開放政策

★★★★★★
2 □□□ 1993年以来、中国で行なわれている経済で、社会主義経済に市場経済システムを導入し、計画経済を改め、市場経済を基礎に行政指導により経済調節を行なう経済を何というか。 | 社会主義市場経済

★★★☆☆☆
3 □□□ 市場経済システムや対外開放政策など、1986年からベトナムで実施された新しい経済政策を何というか。 | ドイモイ

第2章　**現代の経済のしくみ**

❶ 経済主体と経済循環

用語集 p.141〜142

★★★★★★ **1** □□□	生産・流通・消費などの経済活動を営むグループ、単位を何というか。	経済主体
★★★★★★ **2** □□□	消費活動を主とし、労働力や資本、土地などを企業や政府に提供し、賃金や利子、地代などを得ている<u>経済主体</u>を何というか。	家計
★★★★★★ **3** □□□	生産活動を主とし、家計から必要な労働力を購入し財やサービスを生産し家計や政府に供給する経済主体を何というか。	企業
★★★★★★ **4** □□□	家計や企業の活動だけでは達成できない事柄を実現するために活動する経済主体で、租税を財源に、消費活動と生産活動を調整する経済主体を何というか。	政府
★★★☆☆☆ **5** □□□	家計、企業、政府という経済主体の間を、貨幣を仲立ちにして財やサービスが行き交っている経済の構造を何というか。	経済循環
★★★★★☆ **6** □□□	財やサービスを使うこと、もしくは、商品を購入して生活にあてることを何というか。	消費
★★★★★★ **7** □□□	財やサービスをつくり出すことを何というか。	生産
★★★★☆☆ **8** □□□	土地、労働力や資本など生産活動に必要な要素を何というか。	生産要素
★★★★★★ **9** □□□	生産活動に欠かせない要素で農業はもちろん工業や商業でも活動に必要な生産手段を何というか。	土地
★★★★★☆ **10** □□□	人間の持っている仕事をする能力を何というか。	労働力
★★★★★★ **11** □□□	生産活動のために投下された資金を何というか。	資本
★★★★☆☆ **12** □□□	一定期間において、生産に投入された1単位あたりの要素(労働や資本)によって、どれだけの生産や<u>付加価値</u>を生み出したかを示す比率を何というか。	生産性

13 □□□	生産設備を増加させることや在庫を増加させることを何というか。	投資
14 □□□	企業が生産を拡大するために行なう<u>投資</u>を何というか。	設備投資

❷ 現代の市場と企業　用語集 p.143〜152

■ 現代の市場

1 □□□	財やサービスの売り手と買い手が出会い、取り引きが成り立つところを何というか。	市場
2 □□□	販売されている財はすべて同じ品質のものであり、売り手も買い手もともに多数存在し、誰もその価格をかえるような大きな影響力を持たないで競争が行なわれている市場を何というか。	完全競争市場
3 □□□	市場で自由な競争が行なわれていると、需要と供給の働きによって、財やサービスの価格が決まり、その価格に応じて社会全体の生産や消費が調整されるというしくみを何というか。	市場メカニズム（市場機構）
4 □□□	市場から財やサービスを購入することを何というか。	需要
5 □□□	価格と需要の関係を示した曲線を何というか。一般に価格が高くなるにつれ購入量を減らす。	需要曲線
6 □□□	売り手が販売を目的として商品を市場に提供することを何というか。	供給
7 □□□	価格と供給の関係を示した曲線を何というか。一般に価格が高くなるにつれ供給量を増す。	供給曲線
8 □□□	需要が供給を上回っていることを何というか。	超過需要
9 □□□	供給が需要を上回っていることを何というか。	超過供給
10 □□□	価格が需要と供給を一致させる働きを持っていることを何というか。	価格の自動調節機能
11 □□□	<u>完全競争市場</u>において、需要量と供給量との一致をもたらす価格を何というか。	均衡価格

★★★★★★		
12 ☐☐☐	財やサービスの価値を貨幣単位であらわしたものを何というか。	価格
★★★★★☆		
13 ☐☐☐	少数の企業によって供給の大部分が占められている市場を何というか。	寡占市場
★★★★★★		
14 ☐☐☐	市場に生産物を供給する企業が少数しかなく、少数の企業が市場を支配している状態を何というか。	寡占
★★★★★★		
15 ☐☐☐	売り手あるいは買い手が市場に1人ないし1社しかない状態を何というか。	独占
★★★★★★		
16 ☐☐☐	寡占市場において、企業側が生産費に一定の<u>利潤</u>を加えて設定する価格を何というか。	管理価格
★★★★★★		
17 ☐☐☐	市場支配力を持つ業界トップの企業で、自分で設定したい価格を設定できる企業を何というか。	プライス・リーダー（価格先導者）
★★★★★★		
18 ☐☐☐	寡占市場で管理価格が設定され、価格が下がりにくくなることを何というか。	価格の下方硬直性
★★★★★★		
19 ☐☐☐	寡占市場においてみられる価格以外の競争を何というか。	非価格競争
★☆☆☆☆☆		
20 ☐☐☐	総費用に占める固定費の割合が高いことで、生産量が増えれば増えるほど平均費用が減少する産業を何というか。	費用逓減産業
★★★☆☆☆		
21 ☐☐☐	ある企業の製品が、その産業の市場の中で、どれ位の割合を占めているかをあらわすものを何というか。	マーケットシェア（市場占有率）
★★★★★★		
22 ☐☐☐	ある経済主体が市場での取り引きなしに、市場の外側で、ほかの経済主体に<u>便益</u>を与えることを何というか。	外部経済
★★★★★★		
23 ☐☐☐	ある経済主体の行動が、市場を通さないで、直接に多くの人々に不利益を与えることを何というか。	外部不経済
★★★★★★		
24 ☐☐☐	<u>市場メカニズム</u>（市場機構）が十分に機能しないことや、市場そのものが存在しにくいことを何というか。	市場の失敗
★★☆☆☆☆		
25 ☐☐☐	財やサービスの生産に必要な原材料などの資源が最も効率よく割り振られることを何というか。	資源の最適配分
★★★★★★		
26 ☐☐☐	売り手と買い手の間で、持っている情報量に差のあることを何というか。	情報の非対称性

★☆☆☆☆☆		
27 ☐☐☐	取り引きの前に<u>情報の非対称性</u>ゆえに高品質の財やサービスが淘汰（とうた）されてしまうことを何というか。	逆選択
★★☆☆☆☆		
28 ☐☐☐	取り引き後に情報の非対称性が存在することにより生じる非効率性を何というか。	モラルハザード
★★★★★★		
29 ☐☐☐	正式名称を「<u>私的独占の禁止及び公正取引の確保に関する法律</u>」といい、市場の独占や不公正な取り引きを制限、禁止し、自由競争を維持促進して、市場の自動調整作用を円滑（えんかつ）にする法律を何というか。	独占禁止法
★★★★★★		
30 ☐☐☐	独占禁止法の目的を達成するために設置された<u>行政委員会</u>を何というか。	公正取引委員会

■現代の企業

★★★★★☆		
1 ☐☐☐	一般の民間人が出資し、経営する企業で民間企業ともいう企業を何というか。	私企業
★★★★★★		
2 ☐☐☐	2006（平成18）年に施行（しこう）された会社について規定する法律を何というか。この法律によって、新たな会社の種類は、株式会社、合名会社、合資会社、合同会社の4つとなった。	会社法
★★★★★★		
3 ☐☐☐	多数の出資者から小口資金を集めて組織された会社を何というか。	株式会社
★★★★★★		
4 ☐☐☐	株式会社の資本金を所有していることを示すものを何というか。	株式
★★★★★★		
5 ☐☐☐	株式会社の株式を保有する個人と法人をあわせて何というか。	株主
★★★★★★		
6 ☐☐☐	出資に伴う責任が、出資金の範囲内までと限定することを何というか。	有限責任
★★★★★★		
7 ☐☐☐	2006（平成18）年の<u>会社法</u>で新たに規定された会社で、有限責任と定款（ていかん）自治を特徴とする会社を何というか。	合同会社
★★★★★★		
8 ☐☐☐	今日の株式会社では、資本の所有者と実際の会社経営にあたる経営者とが別になっていることを何というか。	所有（資本）と経営の分離

	問題	解答
★★★★★★ **9** □□□	株式会社における最高議決機関を何というか。	株主総会
★★★★★★ **10** □□□	株式会社の業務執行を決定する機関である取締役会の構成員で、株主総会において選任される人を何というか。	取締役
★★★★★★ **11** □□□	取締役の仕事ぶりを外部の視点から監督する任にあたる取締役を何というか。	社外取締役
★★★★★★ **12** □□□	会社の経営に責任を持つ人を何というか。	経営者
★★★★★☆ **13** □□□	株式の売買価格を何というか。	株価
★★★★★☆ **14** □□□	会社の資産と負債の状態を示す<u>財務諸表</u>の1つで、左側に<u>資産</u>、右側に<u>負債</u>を載せることで、会社がどこからお金を集め、集めたお金をどのように運用しているかがわかる表を何というか。	バランスシート（貸借対照表）
★☆☆☆☆☆ **15** □□□	会社の利益がわかる決算書で、会社がどの事業でどれくらい儲けているか、あるいは損しているかがわかる企業の財務諸表の1つを何というか。	損益計算書
★★★★★★ **16** □□□	現金や預貯金、有価証券、土地、建物、工場や機械などを総称して何というか。	資産
★★★★★★ **17** □□□	株式会社が利潤のうちから株主に分配する分を何というか。	配当
★★★★★★ **18** □□□	企業の利害と行動に関係を持つ者、すなわち、消費者・従業員・株主・地域社会などを何というか。	利害関係者（ステークホルダー）
★★★★★☆ **19** □□□	会社が得られた利益の中から、税金・配当金・役員報酬などを支払った残りの金額を何というか。	内部留保
★★★★★☆ **20** □□□	株式会社が発行する<u>債券</u>を何というか。	社債
★★★★★☆ **21** □□□	公企業を私企業にかえることを何というか。	民営化
★★★★★★ **22** □□□	生産規模を大きくすれば利益も大きくなることを何というか。	規模の利益（スケールメリット）
★★★★★★ **23** □□□	相互に関連のない様々な企業を吸収・合併し、複数の産業、業種にまたがって多角的に企業活動を行なう巨大企業を何というか。	コングロマリット（複合企業）

★★★★★★		
24 ☐☐☐	複数の国に、その国の法人格を持つ子会社や系列会社を置き、利潤を最大にするように世界的規模で活動する企業を何というか。	多国籍企業(マルチナショナル・エンタープライズ)
★★★★★★		
25 ☐☐☐	ほかの企業を合併、買収することを略称して何というか。	M&A
★★★★★★		
26 ☐☐☐	グループ内のほかの会社の株式を所有して、グループ内の中核となる会社を何というか。	持株会社
★★★★★★		
27 ☐☐☐	企業が、主に取り引きする銀行を1つに決めて関係を深めることを何というか。	メインバンク制
★★★★★★		
28 ☐☐☐	系列や企業集団を維持するために、会社が会社の株式を相互に持ち合うことを何というか。	株式持ち合い
★★★★★★		
29 ☐☐☐	企業が財やサービスを提供するだけでなく、環境保護や社会的な貢献活動にも責任を持つことを何というか。	企業の社会的責任(CSR)
★★★★★★		
30 ☐☐☐	環境、社会及び企業統治に配慮している企業に注目して投資することを何というか。	ESG投資
★★★★★★		
31 ☐☐☐	企業が商法や民法、労働法、食品衛生法などの法令を守って経済活動をすることを何というか。	法令遵守(コンプライアンス)
★★★★★★		
32 ☐☐☐	会社が自社の会社経営にかかわる情報などを投資家や株主に対して公開することを何というか。	企業情報開示(ディスクロージャー)
★★★★★★		
33 ☐☐☐	経営者が適切な会社経営を行ない、社内の不正行為の防止に努めるよう監督することを何というか。	コーポレート・ガバナンス(企業統治)
★★★★★★		
34 ☐☐☐	会社の取締役や監査役が会社に不利益な経営をし、会社に損害を与えたとして、株主がその責任追及を目的として起こす裁判を何というか。	株主代表訴訟
★★★★★★		
35 ☐☐☐	企業が、社会的責任を積極的に果たしているかどうかを判断材料として行なう投資方法を何というか。	社会的責任投資
★★★★★★		
36 ☐☐☐	企業が行なう様々な文化支援活動を何というか。	メセナ
★★★★★★		
37 ☐☐☐	企業が行なう様々な社会貢献活動や慈善的寄付行為を何というか。	フィランソロピー

■国富と国内総生産

★★★★★★ **1** ☐☐☐	一定時点における、国の有形資産と対外純資産の合計を何というか。	国富
★★★★★★ **2** ☐☐☐	ある時点における蓄えの量を示す指標、例えば1国全体として所有している財産の総量を何というか。	ストック
★★★★★★ **3** ☐☐☐	国民が外国に対して持っている純資産、すなわち、対外資産から対外負債を減じたものを何というか。	対外純資産
★★★★★★ **4** ☐☐☐	社会全体に必要な道路・鉄道・港湾・工場用地・公園・図書館・水道・下水道などの施設を何というか。	社会資本（インフラストラクチャー）
★★★★★★ **5** ☐☐☐	ある一定の期間における国民経済の流れの量を示す指標を何というか。	フロー
★★★★★★ **6** ☐☐☐	国内において、1年間に新たに生産された財とサービスの合計を何というか。総生産物の市場価格の合計額から<u>中間生産物</u>の価額を減じて求める。	国内総生産（GDP）
★★★★☆☆ **7** ☐☐☐	実際に市場で取り引きされた名目GDPから物価変動の影響を取り除いて得られるGDPを何というか。	実質GDP
★★★★☆☆ **8** ☐☐☐	国内総生産（GDP）を国の人口で割って算出したものを何というか。	1人あたりGDP
★★★★☆☆ **9** ☐☐☐	国内総生産（GDP）を用いた物価指数を何というか。名目GDPをこの物価指数で割って実質GDPを算出する。	GDPデフレーター
★★★★★★ **10** ☐☐☐	原材料や部品として、他の財を生産するのに用いられるものを何というか。	中間生産物
★★☆☆☆☆ **11** ☐☐☐	国内総生産（GDP）から<u>固定資本減耗分（減価償却費）</u>を差し引いたものを何というか。	国内純生産（NDP）
★★★★★★ **12** ☐☐☐	1国の国民が生産した付加価値の合計を何というか。	国民総生産（GNP）
★★★★☆☆ **13** ☐☐☐	国民総所得（GNI）から固定資本減耗分を差し引いたものを何というか。	国民純生産（NNP）
★★★★★★ **14** ☐☐☐	新たにつくり出された価値のことを何というか。	付加価値

★★★★★★ **15** □□□	工場や機械、設備などの固定資本は、生産のたびにその価値が減じていくことを何というか。	固定資本減耗（減価償却費）
★★★★★★ **16** □□□	国民総生産と同額ながら所得面からとらえたものを何というか。	国民総所得（GNI）

■国民所得

★★★★★★ **1** □□□	1年間に1国において個人と企業が新しく生み出した所得の合計を何というか。国民総所得（GNI）から固定資本減耗分を減じた国民純正産（NNP）から、さらに間接税を減じ、補助金を加えたものである。	国民所得（NI）
★★★★★☆ **2** □□□	国民所得を生産面からとらえた指標を何というか。	生産国民所得
★★★★★★ **3** □□□	国民所得を分配面からとらえた指標を何というか。	分配国民所得
★★★★★★ **4** □□□	生産活動にかかわった人に対して支払われる報酬を何というか。	所得
★★★★★☆ **5** □□□	得られた国民所得がどのように国内で支出されたかをとらえたものを何というか。	支出国民所得
★★★★☆☆ **6** □□□	個人所得から<u>所得税</u>や<u>社会保険料</u>などを減じた残りを何というか。	可処分所得
★★★★★★ **7** □□□	将来のために所得の一部を蓄えることを何というか。	貯蓄
★★★★★★ **8** □□□	国民所得は、生産・分配・支出の3つの面からみることができ、この3つの金額は理論上、必ず一致することを何というか。	三面等価の原則

④ 景気循環（変動）と経済成長　　　用語集 p.155～158

■景気循環

★★★★★★ **1** □□□	売買や取り引きなど、経済活動が活発に行なわれているか否かを示す用語を何というか。	景気
★★★★★★ **2** □□□	経済活動は活発になったり低迷したりすることを繰り返す。一般に、好況・後退・不況・回復の4局面を循環することを何というか。	景気循環（変動）

★★★★★★ **3** ☐☐☐	景気回復が進み、生産量・雇用量・投資量・国民所得がともに増大し、商品の取り引きや金融などの経済活動が盛んに行なわれている状態を何というか。	好況(好景気)
★★★★★★ **4** ☐☐☐	好況から景気が下降局面に入り、生産が過剰となり、企業利潤が低下し、生産量や投資量が縮小、経済活動が不活発になる状態を何というか。	後退
★★★★★★ **5** ☐☐☐	経済活動が停滞し、不活発、すなわち、需要が不足し、財やサービスが売れず、倒産が増え、生産や投資が低下、失業が増える状態を何というか。	不況(不景気)
★★★★★★ **6** ☐☐☐	好況から一転して突然発生する急激な景気後退を何というか。深刻な不況となり、価格は暴落し、倒産や失業が急増し、経済が大きく混乱する。	恐慌
★★★★★★ **7** ☐☐☐	不況からの景気上昇局面を何というか。過剰設備が整理され、在庫は減少、生産や投資が活発化する。	景気回復
★★☆☆☆☆ **8** ☐☐☐	景気の現状と先行きについて、日本銀行が四半期ごとに企業に直接アンケート調査し、分析し、公表している調査を何というか。	全国企業短期経済観測調査(短観)
★★★★★★ **9** ☐☐☐	経済活動の循環運動のうち、約7〜10年周期の設備投資循環を何というか。	ジュグラーの波(中期波動)
★★★★★★ **10** ☐☐☐	経済活動の循環運動のうち、約40カ月(3年半)を周期とする在庫調整循環を何というか。	キチンの波(短期波動)
★★★★★★ **11** ☐☐☐	経済活動の循環運動のうち、約50年を周期とする技術革新や資源の大規模開発などに起因する景気の循環を何というか。	コンドラチェフの波(長期波動)
★★★★★★ **12** ☐☐☐	経済活動の循環運動のうち、約20年を周期とする住宅や商工業施設の建築需要に起因する景気の循環を何というか。	クズネッツの波
★★★★★★ **13** ☐☐☐	新しい商品、新しい生産方式、新しい組織などを開発し、各企業が取り入れていくことを何というか。	イノベーション(技術革新)
★★★★★☆ **14** ☐☐☐	主著『資本主義・社会主義・民主主義』を著わし、<u>イノベーション</u>が経済成長の原動力と考えたオーストリア出身	シュンペーター

	の経済学者は誰か。	
★★★★★☆ 15 □□□	インターネットを通して、家計や企業は世界中の情報を瞬時に低コストで簡単に入手できるようになったことで生じる経済や社会の大きな変化を何というか。	IT 革命
★★★★★☆ 16 □□□	経済学者<u>シュンペーター</u>が主著『資本主義・社会主義・民主主義』において指摘した経済発展のプロセスで、新たな効率的方法により経済の新陳代謝（しんちんたいしゃ）が進むことを何というか。	創造的破壊
★★★★★★ 17 □□□	国内総生産（GDP）や国民所得（NI）などが増加し、国の経済規模が量的に拡大することを何というか。	経済成長
★★★★★★ 18 □□□	一定期間における国内総生産（GDP）あるいは国民所得（NI）が増加した割合を何というか。	経済成長率
★★★★★☆ 19 □□□	市場価格で国内総生産（GDP）あるいは国民所得（NI）を算定し、その値を用いて経済成長率を計算したものを何というか。	名目経済成長率
★★★★★★ 20 □□□	物価指数を用いて市場価格から物価の変動分を除いて算定した成長率を何というか。	実質経済成長率
★★★★★☆ 21 □□□	一国の福祉の水準を示す指標の1つで、公害や環境の悪化など福祉に結びつかないマイナス要因を減じ、家事労働や余暇の増大などプラス要因を加えて国民の福祉水準を示す指標を何というか。	国民純福祉（NNW）
★★☆☆☆☆ 22 □□□	<u>セン</u>とハックにより開発された、平均余命、教育、識字及び所得指数の複合統計を何というか。	人間開発指数（HDI）
★★★★★☆ 23 □□□	環境の観点から国内総生産（GDP）を示す指標を何というか。	グリーン GDP（EDP）

■インフレーションとデフレーション

★★★★★★ 1 □□□	物価がかなりの期間継続して上昇する現象を何というか。	インフレーション（インフレ）

★★★★★★ **2** ☐☐☐	消費、投資、財政支出などを合わせた総需要が増加することに起因する<u>インフレーション</u>を何というか。	ディマンド・プル・インフレーション（需要インフレ）
★★★★★★ **3** ☐☐☐	企業側における賃金や原材料費などの生産コストの増大に起因するインフレーションを何というか。	コスト・プッシュ・インフレーション（コストインフレ）
★★★☆☆☆ **4** ☐☐☐	月率数十％以上の、短期間に物価が数十倍にも高騰するような超インフレーションのことを何というか。	ハイパー・インフレーション
★☆☆☆☆☆ **5** ☐☐☐	物価上昇と失業の関係を示したもので、失業率を横軸に、賃金上昇率を縦軸にとり、グラフにあらわすと賃金が上がるほど失業率は下がり、賃金が下がるほど失業率は上がる右肩下がりの曲線が描ける。この曲線を何というか。	フィリップス曲線
★★★★★☆ **6** ☐☐☐	景気停滞のもとで物価が持続的に上昇する現象を何というか。	スタグフレーション
★★★★★★ **7** ☐☐☐	物価の下落が2年以上継続している状態を何というか。	デフレーション（デフレ）
★★★★★★ **8** ☐☐☐	物価の下落が継続することと経済活動の低迷とが相互に作用して景気がいっそう悪化することを何というか。	デフレスパイラル
★★★★★★ **9** ☐☐☐	総合的な価格の動向をとらえ、個々の財やサービスの価格を総合し、平均化して得られた全体的な価格を何というか。	物価
★★★★★☆ **10** ☐☐☐	小売段階での物価を何というか。	消費者物価
★★★★★☆ **11** ☐☐☐	消費者が日常的に購入している財やサービスの価格変動を示す指数を何というか。総務省統計局が調査する。	消費者物価指数
★★★★★★ **12** ☐☐☐	企業間で取り引きされる財の価格動向を示す指数を何というか。日本銀行が調査する。	企業物価指数

❺ 金融と財政の役割　　用語集 p.158〜173

■通貨

★★★★★★ **1** ☐☐☐	商品と商品の交換にあたり仲立ちをする「お金」を何とい	貨幣

うか。

★★★★★★ 2 □□□	貨幣の機能の1つで、財やサービスの交換価値を価格という貨幣単位であらわすことを何というか。	価値尺度
★★★★★★ 3 □□□	貨幣の機能の1つで財やサービスの交換の仲立ちをすることを何というか。	交換(流通)手段
★★★★★★ 4 □□□	実際に「お金」として用いられているものを何というか。	通貨
★★★★★★ 5 □□□	中央銀行が発行する銀行券(紙幣)と、政府(財務省)が発行する貨幣(硬貨)をあわせた、いわゆる「お金」を何というか。	現金通貨
★★★★★★ 6 □□□	金属でつくられた貨幣で銀行券を補完する目的で発行される現金通貨を何というか。	硬貨
★★★★★★ 7 □□□	日本で唯一の発券銀行である日本銀行が発行する銀行券を何というか。	日本銀行券
★★★★★☆ 8 □□□	金本位制度のもとで発行される銀行券で金と交換できるものを何というか。	兌換銀行券(兌換紙幣)
★★★★★☆ 9 □□□	管理通貨制度のもとで発行され、金と交換できない銀行券を何というか。	不換銀行券(不換紙幣)
★★★★★★ 10 □□□	普通預金や当座預金のことを総称して何というか。	預金通貨
★★★★★★ 11 □□□	小切手あるいは手形によりいつでも支払いが行なわれる預金を何というか。	当座預金
★★★★★★ 12 □□□	通貨の発行量を政府と中央銀行の管理下に置く通貨制度を何というか。国内の通貨量を調整しながら金融政策が実施でき、有効需要(購買力)の拡大が可能になるが、通貨量を膨張させインフレを引き起こす可能性もある。	管理通貨制度
★★★★★★ 13 □□□	一国の発行できる通貨量の基準が金に置かれている制度を何というか。中央銀行が発行する銀行券は兌換紙幣であり、一国の通貨量は中央銀行が保有する金の量に拘束される。	金本位制度

★★★★★★ **1** □□□	経済主体の間で経済活動に必要な資金を貸し借りし、融通し合うことを何というか。	金融
★★★★★★ **2** □□□	お金を一定期間融通したことに対して支払われる対価を何というか。	利子
★★★★☆☆ **3** □□□	預金したり、貸し付けした元金に対する利子の割合を何というか。	利子率
★★★★★★ **4** □□□	経済主体の間で金融の仲立ちをする機関を何というか。	金融機関
★★★★★★ **5** □□□	日本の中央銀行であり、発券銀行・銀行の銀行・政府の銀行という役割を果たす銀行を何というか。	日本銀行
★★★★★★ **6** □□□	1国の通貨制度の中心的な機関であり、通貨価値の安定と信用制度の維持を任務とする銀行を何というか。	中央銀行
★★☆☆☆☆ **7** □□□	アメリカの中央銀行に相当する機関を何というか。	連邦準備制度理事会 （FRB）
★☆☆☆☆☆ **8** □□□	イギリスの中央銀行を何というか。	イングランド銀行
★★★★★★ **9** □□□	銀行券の発行を独占的に認められている銀行を何というか。	発券銀行
★★★★★★ **10** □□□	政府にかわって税金などの国庫金の保管や出納、短期資金の貸し付けなどを行なう銀行を何というか。	政府の銀行
★★★★★☆ **11** □□□	財産権の主体としての国家を「国庫」と呼ぶ時、国庫に属する現金を何というか。	国庫金
★★★★★★ **12** □□□	金融機関の中心的存在で、家計や企業から資金を預かり、企業などに対して資金を貸し付ける業務を行なう株式会社組織を何というか。	銀行
★★★★☆☆ **13** □□□	地域の個人や中小企業が組合員となって設立している協同組合組織の金融機関を何というか。	信用金庫
★★★★★★ **14** □□□	株式や国債、社債などの有価証券の売買や新たに発行される株式や社債などの募集と売り出しなどを主な業務とする金融機関を何というか。	証券会社

★★★★★☆		
15 □□□	生命保険会社と損害保険会社からなり、受け入れた保険料を貸し付けたり融資したりして運用しているため金融機関としての性格をもつ会社を何というか。	保険会社
★★★★☆☆		
16 □□□	将来、相手が必ず約束を守って返済してくれることを信じてお金を用立てることを何というか。	信用
★★★★★★		
17 □□□	銀行が預金額以上の資金を貸し出すことを何というか。	信用創造
★★★★★★		
18 □□□	企業や政府が株式や社債あるいは公債などの有価証券を発行して必要な資金を金融市場から直接調達する方法を何というか。	直接金融
★★★★★★		
19 □□□	企業や政府が必要な資金を金融機関からの借り入れで調達する方法を何というか。	間接金融
★★★★★★		
20 □□□	金融機関が中心になり資金の貸借や証券の売買を行なう市場を何というか。	金融市場
★★★★★★		
21 □□□	1年以上の期間にわたって資金を貸し借りする市場を何というか。	長期金融市場
★★★★★★		
22 □□□	証券取引所が中心となり有価証券の売買を行なう市場を何というか。	証券市場
★★★★★★		
23 □□□	日本銀行が<u>公開市場操作</u>により<u>無担保コール翌日物</u>の金利を調整しているように、期間1年未満の金融取り引きが行なわれる市場を何というか。	短期金融市場
★★★★★★		
24 □□□	金融機関が短期的な手元資金の貸し借りを行なう市場を何というか。	コール市場
★★★★☆☆		
25 □□□	金融機関同士で短期資金を貸し借りする際の金利を何というか。	コールレート
★★★★★★		
26 □□□	企業の持つ資本のうち、株式発行や<u>内部留保</u>などの形で自らが用意した資本を何というか。	自己資本
★★★★★★		
27 □□□	企業が持つ資本のうち、社債発行や金融機関から借り入れする形で外部から調達した資本を何というか。	他人資本
★★★★★★		
28 □□□	金融業界に競争原理を取り入れることを何というか。	金融の自由化

★★★★☆☆ 29 ☐☐☐	<u>金融の自由化</u>のうち、銀行の預金金利や貸し出し金利を自由にすることを何というか。	金利の自由化
★★★★★★ 30 ☐☐☐	規制の厳しい金融制度を一気に自由化する大改革を何というか。	金融ビッグバン
★★★★★★ 31 ☐☐☐	1996(平成8)年橋本龍太郎内閣が示した金融制度改革構想で、フリー・フェア・グローバルな金融市場を目指す制度改革を何というか。	日本版金融ビッグバン
★★★★☆☆ 32 ☐☐☐	弱小金融機関を含め金融機関全体の存続と利益の確保を主眼として1990年代まで続いた日本の金融行政を何というか。	護送船団方式
★★★★★☆ 33 ☐☐☐	金融制度の企画立案、民間金融機関に対する検査、監督、証券取り引きなどの監視を行なう行政機関を何というか。	金融庁
★★★★★★ 34 ☐☐☐	2008年、アメリカの投資銀行リーマン・ブラザーズの経営破綻を引き金となって発生した世界金融危機を何というか。	リーマン・ショック
★★★★★☆ 35 ☐☐☐	金融機関が破綻した場合、預金の払い戻しの保証が一定額に制限されることを何というか。	ペイ・オフ
★★★★★☆ 36 ☐☐☐	主に株式取り引きや商品取り引き、通貨取り引きなどで、価格変動が起こることを期待して、収益を上げようとすることを何というか。	投機
★★★★★☆ 37 ☐☐☐	資金を運用する際に、将来の成果(リターン)が必ずしも確実ではないことを何というか。	リスク
★★★★★☆ 38 ☐☐☐	<u>自己資本比率</u>を8%以上にするなど、自己資本比率に関して、国際的な取り引きを行なう銀行が守るべき国際的な基準のことを何というか。	BIS規制
★★★★★☆ 39 ☐☐☐	スイスのバーゼルに本部を置き、各国の中央銀行の銀行として機能することを目的に設立されている銀行を何というか。	国際決済銀行(BIS)
★★★★★☆ 40 ☐☐☐	総資本のうち、自己資本分がいくらあるかという比率を何というか。	自己資本比率

★★★★☆☆		
41 ☐☐☐	金融サービスと情報技術を結びつけた様々な新しい動きを何というか。	フィンテック
★★★★☆☆		
42 ☐☐☐	インターネットでやりとりできる財産的価値を何というか。	暗号資産(仮想通貨)
★★★★☆☆		
43 ☐☐☐	支払いや受け取りに現金を使わずクレジットカードや電子マネー、口座振替などを利用して決済するしくみが普及していく状況を何というか。	キャッシュレス化

■金融政策

★★★★★★		
1 ☐☐☐	中央銀行が通貨の量や流れを調節して、景気や物価の安定をはかる政策を何というか。	金融政策
★★★★★★		
2 ☐☐☐	市中に出回る通貨供給量を減らすことを何というか。	金融引き締め
★★★★★★		
3 ☐☐☐	市中に出回る通貨供給量を増やすことを何というか。	金融緩和
★★★★★★		
4 ☐☐☐	1国全体で流通しているお金の量を何というか。	通貨量
★★★★★★		
5 ☐☐☐	日本銀行が市中金融機関との間で国債などの売買によって通貨量や金利を調節する金融政策を何というか。	公開市場操作(オープン・マーケット・オペレーション)
★★★★☆☆		
6 ☐☐☐	日本銀行が金融機関に国債などを売り、市中に出回る資金量を減らすことを何というか。	売りオペレーション(売りオペ)
★★★★☆☆		
7 ☐☐☐	日本銀行が金融機関から国債などを買い、市中に出回る資金量を増やすことを何というか。	買いオペレーション(買いオペ)
★★★★☆☆		
8 ☐☐☐	金融政策の中心となる利子率のことであり、コール市場において無担保で資金を借り、借りた翌日に返す「無担保コール翌日物」の金利を何というか。	無担保コール翌日物金利
★★★★★☆		
9 ☐☐☐	中央銀行の金融政策によって決定される金利のことを何というか。	政策金利
★★★★★★		
10 ☐☐☐	無担保コール翌日物金利を実質0%に近づけようとする日本銀行の金融緩和政策を何というか。	ゼロ金利政策
★★★★★☆		
11 ☐☐☐	金融機関が日本銀行の当座預金に新規で預金すると利子	マイナス金利

	を支払わねばならない金利を何というか。	
★★★★☆☆ **12** □□□	穏やかなインフレーションが継続することを目指す金融政策を何というか。	インフレ・ターゲット政策
★★★★★☆ **13** □□□	いくつかの政策手段を同時に用いて政策目的を実現することを何というか。例えば、金融政策と財政政策を同時に用いて景気対策をとることなどがある。	ポリシー・ミックス
★★★★☆☆ **14** □□□	中央銀行が公定歩合を上下させることで通貨供給量を調節し、景気の調整や物価の安定をはかる政策を何というか。	公定歩合操作(金利政策)
★★★★★★ **15** □□□	中央銀行が市中銀行に資金を貸し出すときの利子率を何というか。	公定歩合
★★★★★☆ **16** □□□	公定歩合にかわり2006(平成18)年以降日本銀行が用いている名称を何というか。	基準割引率および基準貸付利率
★★★★★☆ **17** □□□	中央銀行が預金準備率を上下させることで市中銀行の貸し出し資金量を調節し民間の資金需要に影響を及ぼそうとする金融政策を何というか。	預金準備率操作(支払準備率操作)
★★★★★☆ **18** □□□	市中銀行は受け入れた預金のうち一定割合を無利子で中央銀行に再預金しなければならない。このときの割合を何というか。	預金準備率(支払準備率)
★☆☆☆☆☆ **19** □□□	物価や名目所得の変動をもたらす最大の要因は、通貨供給量の変動であると考え、ケインズ政策を否定し、自由な市場に経済をゆだねるべきだとする考えを何というか。	マネタリズム
★★★★★★ **20** □□□	『資本主義と自由』を著わし、マネタリズムの立場からケインズ政策を否定し、金融の規制緩和や公的業の民営化によって市場機能の回復をはかるべきだとするアメリカの経済学者は誰か。	フリードマン

■財政のしくみと税制

★★★★★★ **1** □□□	国や地方公共団体の経済活動を何というか。	財政
★★★★★☆ **2** □□□	政府が提供する不特定多数の人々が利用する財やサービスを何というか。	公共財

★★★☆☆☆ **3** □□□	利用を妨げる費用が莫大（ばくだい）であるという公共財の特徴を何というか。	非排除性
★★★☆☆☆ **4** □□□	不特定多数の人々が同時に利用できるという公共財の特徴を何というか。	非競合性
★★★★☆☆ **5** □□□	国の予算や租税の企画、立案をしている中央省庁を何というか。	財務省
★★★★★★ **6** □□□	政府が家計や企業から強制的に徴収する財政収入の中心となるものを何というか。	租税
★★★★☆☆ **7** □□□	租税に関する基本的な事項は法律で定めることを何というか。	租税法律主義
★★★★★★ **8** □□□	所得の多寡に応じて税を負担することを何というか。	垂直的公平
★★★★★★ **9** □□□	職種にかかわらず同じ所得や消費額であれば同じ税額を負担することを何というか。	水平的公平
★★★★★★ **10** □□□	一会計年度の歳入と歳出の計画を何というか。	予算
★★★★★★ **11** □□□	一会計年度における財政上の収入を何というか。	歳入
★★★★★★ **12** □□□	一会計年度における財政上の支出を何というか。	歳出
★★★★★★ **13** □□□	政府の通常の活動に伴う会計（予算）を何というか。	一般会計（予算）
★★★★★★ **14** □□□	国が特定の事業を営む場合、特定の資金を保有して運用する場合などのための会計（予算）を何というか。	特別会計（予算）
★★★★★★ **15** □□□	財投債の発行などにより調達した資金を財源として長期かつ低利の融資や投資を行なうものを何というか。	財政投融資
★★★☆☆☆ **16** □□□	財政投融資資金の貸し付けの財源とするために国が発行する債券を何というか。	財投債
★★★★☆☆ **17** □□□	国に納める税金を何というか。	国税
★★★★★★ **18** □□□	租税負担者（担税者）と納税者とが同一であり、租税負担者が一定の税率に従い、国や地方公共団体に直接納める税を何というか。	直接税
★★★★★★ **19** □□□	個人の所得に対してかかる税金を何というか。	所得税

★★★★★☆ 20 □□□	法人の所得に対してかかる税金を何というか。	法人税
★★★★★☆ 21 □□□	租税負担者(担税者)と納税者とが異なる税を何というか。	間接税
★★★★★☆ 22 □□□	商品やサービスの購入や消費にかかる間接税を何というか。	消費税
★★★★★☆ 23 □□□	税金を納める人を何というか。	納税者
★★★☆☆☆ 24 □□□	税金を負担する人を何というか。	担税者
★★★★★☆ 25 □□□	1949(昭和24)年と1950(昭和25)年に出されたシャウプを団長とする税制調査団による勧告を何というか。	シャウプ勧告
★★★★★★ 26 □□□	所得が多くなるにつれて高い税率が適用される課税制度を何というか。	累進課税制度
★★★★★★ 27 □□□	所得の少ない人ほど税の負担率が高くなることを何というか。	逆進性
★★★★★☆ 28 □□□	所得の補足率において、サラリーマンは所得の9割が補足されるのに対し、自営業は6割、農家は4割しか補足されていないという主張を何というか。	クロヨン(9・6・4)
★★★★☆☆ 29 □□□	所得の補足率において、サラリーマンは所得の10割が補足されるのに対し、自営業は5割、農家は3割しか補足されていないという主張を何というか。	トーゴーサン(10・5・3)
★★★★★★ 30 □□□	国や地方公共団体が財政支出を租税収入などで賄い切れない場合に必要な資金を調達するために発行する債券を何というか。	公債
★★★★★★ 31 □□□	国が発行する公債を何というか。	国債
★★★★★☆ 32 □□□	財政民主主義に基づく<u>租税法定主義の原則</u>、健全財政主義による<u>建設国債の原則</u>、<u>国債の市中消化の原則</u>等を定める財政制度に関する基本的法律を何というか。	財政法
★★★★★★ 33 □□□	財政法第4条で発行が認められている国債を何というか。	建設国債(建設公債)
★★★★☆☆ 34 □□□	国債の発行にあたり日本銀行に引き受けさせてはならないという原則を何というか。	国債の市中消化の原則

★★★★★★ **35** □□□	一般会計予算の歳入の不足分を補うため、やむを得ず発行する「<u>特例国債</u>」を何というか。	赤字国債（赤字公債）
★★★★★★ **36** □□□	一般会計予算で、歳入の中に国債が占める割合を何というか。	国債依存度
★★★★☆☆ **37** □□□	国債購入者に対する利子の支払いと満期時の償還（しょうかん）のために支出される費用を何というか。	国債費
★★★★★★ **38** □□□	国債費や社会保障関係費、公務員の給与費など、歳出が義務づけられている経費の増加によって、財政の弾力的な運用が困難になることを何というか。	財政の硬直化
★★★★★★ **39** □□□	歳入より歳出が大きくなることを何といか。	財政赤字
★★★★★★ **40** □□□	償還が終わっていない国債の残高、すなわち国が返済しなればならない借金の総額を何というか。	国債残高
★★★★★★ **41** □□□	国債を除く歳入（税収）で国債費を除く歳出がどの程度賄えているかを示すもので、実質的な財政赤字の幅を示すものを何というか。	プライマリー・バランス（基礎的財政収支）
★★★★★☆ **42** □□□	GDP（国内総生産）との対比で国債残高が伸び続けないようにするだけでなく、縮小させていくことを何というか。	財政健全化

■財政の機能と財政政策

★★★★★★ **1** □□□	国や地方公共団体が税金により資金を調達し、公共的な目的のために支出して、経済を安定させ成長させようとする政策を何というか。	財政政策
★★★★★★ **2** □□□	財政の機能の1つで、政府が税金を用いて社会資本整備を行なうことを何というか。	資源配分機能
★★★☆☆☆ **3** □□□	財政の機能の1つで、所得税に対する<u>累進課税制度</u>と低所得者に対する医療や年金などの<u>社会保障制度</u>などによって所得格差を是正（ぜせい）する機能を何というか。	所得再分配機能
★★★★★☆ **4** □□□	財政の機能の1つで、税制や歳出を用いて景気が過熱気味のときは景気を抑制（よくせい）させ、景気が悪いときは景気を回復させるように働く機能を何というか。	景気の安定化（景気調整機能・景気の調整）

★★★★★★
5
☐☐☐ 累進課税制度や社会保障制度を組み入れることで財政が自動的に景気を調整する機能を持つようになることを何というか。

ビルト・イン・スタビライザー(自動安定化装置)

★★★★★☆
6
☐☐☐ 不景気のときには減税や国債発行による公共事業拡大により総需要を拡大させ、景気回復をはかり、景気が過熱気味のときには増税や歳出削減により経済を安定させる政策を何というか。

フィスカル・ポリシー(裁量〈伸縮〉的財政政策)

❶ 日本経済の歩み

用語集 p.174〜181

■戦後復興期

★★★★★★ **1** □□□	第二次世界大戦後、GHQ により行なわれた日本の民主化の1つで、財閥解体と農地改革及び労働関係の改善を骨子とする政策を何というか。	経済(の)民主化
★★★★★★ **2** □□□	第二次世界大戦前の日本経済を支配し、軍国主義と結びついていた財閥を解体した政策を何というか。	財閥解体
★★★★★★ **3** □□□	第二次世界大戦前の農村を支配していた寄生地主制度を撤廃し、自作農を創出するための農地制度の改革を何というか。	農地改革
★★★★★★ **4** □□□	1947(昭和22)年から48(昭和23)年にかけて実施された生産復興のために限られた資金や資源を基幹産業に重点的に配分する政策を何というか。	傾斜生産方式
★★★★★★ **5** □□□	傾斜生産方式を実施するにあたり資金供給機関として設置された政府金融機関を何というか。	復興金融金庫
★★★★★★ **6** □□□	復興金融金庫が発行する復金債を日本銀行に引き受けさせたことで生じたインフレーションを何というか。	復金インフレ
★★★★★★ **7** □□□	復金インフレを収束させるために GHQ が発した、経済を自立させ安定させる九原則を何というか。	経済安定九原則
★★★★★★ **8** □□□	経済安定九原則を具体化するために、超均衡予算を組むことや1ドルを360円とする単一為替レートを設定するなどが策定された計画を何というか。	ドッジ・ライン
★★★★★★ **9** □□□	ドッジ・ラインで1ドル＝360円に設定したように、為替レートがただ1つだけ設定されることを何というか。	単一為替レート(単一為替相場)
★★★★★★ **10** □□□	1949(昭和24)年と1950(昭和25)年に出されたシャウプを団長とするアメリカによる税制調査団の勧告に基づき、直接税中心で、間接税を整理し、地方税制を強化する税制に改められたことを何というか。	シャウプ税制改革

11 □□□	復金インフレがドッジ・ラインにより収束し、経済と通貨価値が安定する過程で、徴税強化と通貨供給量の減少により生じる恐慌を何というか。	安定恐慌

★★★★★★

12 □□□	ドッジ・ラインにより復金インフレは収束したものの安定恐慌に陥った日本経済は、朝鮮戦争の勃発によりアメリカ軍から大量の物資とサービスの提供を求められ好景気を迎える。朝鮮戦争により発生した需要増を何というか。	(朝鮮)特需

■高度成長期

★★★★★★

1 □□□	1950年代半ばから1970年代初めの石油危機までの年平均実質成長率10％を超える経済成長を何というか。	高度成長(高度経済成長)

★★★★★★

2 □□□	高度経済成長の開始時期に設備投資を中心に広がった1954(昭和29)年から1957(昭和32)年にかけての好景気を何というか。	神武景気

★★★★★★

3 □□□	1955(昭和30)年の日本経済が第二次世界大戦前の水準を回復したことを1956(昭和31)年の『経済白書』で何と表現したか。	もはや「戦後」ではない

★★★★★★

4 □□□	1960(昭和35)年、池田勇人内閣が策定した1961〜70(昭和36〜45)年度で社会資本を充実させ産業構造を高度化し、国民経済の規模を2倍にしようという経済計画を何というか。	(国民)所得倍増計画

★★★★★★

5 □□□	神武景気に続く大型景気で、1958(昭和33)年から1961(昭和36)年にかけての好景気を何というか。	岩戸景気

★★★★★★

6 □□□	1964(昭和39)年の東京オリンピックに向けた、1962(昭和37)年から1964(昭和39)年にかけての好景気を何というか。	オリンピック景気

★★★★★★

7 □□□	高度経済後期の好景気で、1965(昭和40)年から1970(昭和45)年にかけての好景気を何というか。	いざなぎ景気

★★★★★★

8 □□□	高度経済成長期の日本の家庭において豊かな生活を象徴する白黒テレビ・電気洗濯機・電気冷蔵庫という家電3種を何というか。	三種の神器

★★☆☆☆☆☆ **9** □□□	国際収支の悪化が経済成長を制約することを何というか。	国際収支の天井
★★★★★★ **10** □□□	高度経済成長により日本は国際収支の悪化を理由に輸入制限などの貿易制限ができる <u>GATT12条国</u>から貿易制限ができない<u>11条国</u>に移行したことを何というか。	貿易の自由化
★★☆☆☆☆☆ **11** □□□	高度経済成長により日本は国際収支の悪化を理由に為替制限ができる <u>IMF14条国</u>から為替制限ができない<u>8条国</u>に移行したことを何というか。	資本の自由化

■安定成長期

★★★★☆☆☆ **1** □□□	1973（昭和48）年 OAPEC による原油生産制限と OPEC による原油価格引き上げによって生じた世界規模での経済混乱を何というか。	石油危機（オイル・ショック）
★★★★★★ **2** □□□	1973年の<u>第4次中東戦争</u>のときにアラブ産油国が発動したイスラエルを支持する国々に原油輸出を制限する石油戦略によって生じた世界規模での経済混乱を何というか。	第1次石油危機
★★★★★☆ **3** □□□	1978年から80年にかけて、<u>イラン革命</u>によるイラン産原油の輸出禁止により生じた世界規模での経済混乱を何というか。	第2次石油危機
★★☆☆☆☆☆ **4** □□□	不況や低成長に対応して収益の悪化を防ぐため、人員整理、新規採用の縮小、不採算部門の切り捨て、一般経費の削減などにより企業体質を身軽にすることを何というか。	減量経営
★★★★☆☆ **5** □□□	<u>第1次石油危機</u>による<u>マイナス成長</u>から回復した1975（昭和50）年から<u>バブル景気</u>が崩壊する1991（平成3）年までの成長率5％前後の安定した経済成長を何というか。	安定成長

■日本経済の現状

★★★★★★ **1** □□□	土地や株式などの資産価値が経済の実体以上に投機的に上昇すること、特に<u>プラザ合意</u>後の<u>円高不況</u>に対応する金融緩和がもたらした株価と地価の高騰に支えられた景気拡大を何というか。	バブル経済（景気）

2 □□□	1989（平成元）年の株価と地価の実体以上の高騰に対する修正や調整により資産価格が暴落したことを何というか。	バブル経済（景気）の崩壊
3 □□□	預金の受け入れはせず融資業務のみを行なう金融機関を何というか。	ノンバンク
4 □□□	金融機関が融資した貸し出し金のうち回収不能となった貸し出し金のことを何というか。	不良債権
5 □□□	バブル経済の崩壊後の不況や不良債権の増大で金融機関の貸し出し姿勢が極端に慎重になったことを何というか。	貸し渋り
6 □□□	1991（平成3）年のバブル経済の崩壊以降の景気低迷期を何というか。	「失われた10年」
7 □□□	失われた10年を乗り越え日本経済が持続的な経済成長を取り戻すために特殊法人改革や特別区の規制緩和など、経済・財政・行政・社会の各分野の構造を改革することを何というか。	構造改革
8 □□□	2002（平成14）年から2009（平成21）年まで続いた景気拡大局面を何というか。戦後最大最長といわれながら失業率は減ったものの正規雇用が増えなかったことから労働者の可処分所得は増えず、企業は最高益を更新するものの多くの国民には実感なき景気回復であった。	いざなみ景気

❷ 産業構造の変化

用語集 p.181～183

1 □□□	経済が発展するにつれて産業構造が第一次産業中心から第二次産業、第三次産業中心へと移行するとともに、第二次産業の中で軽工業から重工業さらに重化学工業へと移行することを何というか。	産業構造の高度化
2 □□□	農業、牧畜業、水産業、林業などを行なう産業を何というか。	第一次産業
3 □□□	鉱業、製造業、建設業などを行なう産業を何というか。	第二次産業
4 □□□	交通、通信、商業、金融、保険などのサービス産業を何というか。	第三次産業

第Ⅱ部　第3章　日本経済の現状

★★★★☆☆ **5** □□□	経済が発展するにつれて、労働人口や経済活動の中心が第一次産業から第二次産業へ、さらに第三次産業へ移行する法則を何というか	ペティ・クラークの法則
★★★★☆☆ **6** □□□	生産額の中でサービスの生産額の割合が増加し、サービス産業に従事する従業員の数が相対的に増加することを何というか。	経済のサービス化
★★★★☆☆ **7** □□□	産業構造の中心が重化学工業から通信・情報・金融・保険などのサービス産業に移ることを何というか。	経済のソフト化

❸ 中小企業問題　　　　　　　　　　　　用語集 p.183～185

★★★★☆☆ **1** □□□	1国の経済において前近代的分野と近代的分野が相互補完的な関係を持ちながら併存している状態を何というか。	二重構造
★★★★★☆ **2** □□□	資本金、従業員数、生産額などが中位以下の企業を何というか。	中小企業
★★★★★☆ **3** □□□	1963（昭和38）年に制定された中小企業の振興と保護のために中小企業全体を体系化した法律で、1999（平成11）年の改正により自主的な努力の助長、経営の革新、創業の促進、経営基盤の強化、環境の変化への対応などを内容とする法律を何というか。	中小企業基本法
★★★★☆☆ **4** □□□	需要の規模が小さかったり潜在的であったりするため、商品やサービスの供給や提供が行なわれにくい産業分野を何というか。	ニッチ産業
★★★★★☆ **5** □□□	京都の西陣織や愛知県瀬戸の陶磁器などのように、ある特定の土地に育った、伝統ある産業を何というか。	地場産業
★★★★★★ **6** □□□	第一次産業が第二次産業や第三次産業まで行なうようになることを何というか。	6次産業化
★★★★★★ **7** □□□	大企業の注文を受けて大企業の製品の部品や生産工程の一部を中小企業が請け負うことを何というか。	下請け
★★★★★★ **8** □□□	新技術や高度な知識を軸に創造的、冒険的な経営を展開している知識集約的な中小企業を何というか。	ベンチャー・ビジネス

★★★★★★ 1 □□□	土地の持つ力を活用して私たちに有用な植物を栽培したり動物を飼育したりする産業を何というか。	農業
★★★★★☆ 2 □□□	農家人口のうち主に農業に従事している者のことを何というか。	農業就業人口
★★★★★★ 3 □□□	販売農家の中で、農業所得が主で、1年間に自営農業に60日以上従事している65歳未満の人がいる農家を何というか。	主業農家
★★★★★★ 4 □□□	販売農家の中で、農外所得が主で、1年間に自営農業に60日以上従事している65歳未満の人がいる農家を何というか。	準主業農家
★★★★★★ 5 □□□	販売農家の中で、1年間に自営農業に60日以上従事している65歳未満の人がいない農家を何というか。	副業的農家
★★★★★★ 6 □□□	1952(昭和27)年に制定され、2001(平成13)年の改正で農業生産法人に株式会社の参加を認めることにした法律を何というか。	農地法
★★★☆☆☆ 7 □□□	農業や農村は食料生産の場としての機能だけではなく、様々な恵みをもたらすことを何というか。	農業の多面的機能
★★★★★★ 8 □□□	1961(昭和36)年に制定され、1999(平成11)年に廃止された農業政策の基本を方針を示した法律を何というか。	農業基本法
★★★★★★ 9 □□□	農業基本法を引き継ぎ1999(平成11)年に制定された食料、農業及び農村に関する施策について、基本理念とその実現をはかるのに基本となる事項を定めた法律を何というか。	食料・農業・農村基本法(新農業基本法)
★★★★★★ 10 □□□	食糧管理法にかわって1995(平成7)年に施行された米、麦などの主要な食糧の生産と需給調整、流通について定めた法律を何というか。	新食糧法(食糧需給価格安定法)
★★★★★★ 11 □□□	米、麦などの主要な食糧の生産、流通、販売などを国が統制、管理する制度を何というか。	食糧管理制度
★★★★★★ 12 □□□	米の生産過剰と食糧管理特別会計の赤字増大に対処するために政府によって行なわれた米の生産調整政策を何と	減反政策

いうか。

******
13 □□□ 農産物の輸入自由化に伴い最低限の市場開放として国内消費量の一定割合の最低輸入量を設定するという貿易ルールまたは最低輸入枠を何というか。

ミニマム・アクセス（最低輸入量）

******
14 □□□ 1国の食料消費量に占める国内で生産、自給されている食料の割合を何というか。

食料自給率

******
15 □□□ <u>食料自給率</u>を高めることが国の安全保障上必要であるとの考えを何というか。

食糧(料)安全保障論

第4章　**国民福祉**

❶ 消費者保護

用語集 p.189〜194

■消費者問題

★★★★★★
1
架空請求や悪質商法など、消費者が受ける被害や不利益をめぐる諸問題を何というか。

消費者問題

★★★★★★
2
売買や雇用の際に結ぶ、法律上の拘束力を持つ約束を何というか。

契約

★★☆☆☆☆
3
未成年者が父母の同意なく結んだ契約について、あとで取り消すことができる権利を何というか。

未成年者取消権

★★★★★★
4
私法の基本原則の1つで、契約は当事者の自由な意思に基づいて結べる、とする原則を何というか。

契約自由の原則

★★★★☆☆
5
流行の品を欲しがるなど、他者の消費行動や消費水準に影響を受けることを何というか。

デモンストレーション効果

★★★★☆☆
6
消費者金融会社の登録や取り立ての規制など、消費者金融に関する規則などを定めた法律を何というか。

貸金業法

★★★★★★
7
経済的破綻状況から脱却するため、本人の申し立てに基づき、裁判所が破産宣告を行なうことを何というか。

自己破産

★★★★★★
8
複数の金融機関からの債務を抱え、支払い能力を超えて返済が困難になっている状況を何というか。

多重債務

★★★★☆☆
9
トラブルの多発により法規制がされている、営業所・代理店以外の場所で商品を販売することを何というか。

訪問販売

★★★★☆☆
10
訪問販売などトラブルが生じやすい取引を指定し規制などを定めた、消費者保護を目的とする法律を何というか。

特定商取引法

★★★★★★
11
代金支払い後でも、一定期間内なら無条件で契約を解除できる制度を何というか。

クーリングオフ（制度）

★★★★☆☆
12
安全性に問題がある商品を何というか。性能の欠如、構造上の欠陥、法律への不適合などが該当する。

欠陥商品

★★★★★★ **13** □□□	過失の有無に関係なく製造者が負うべき責任を定めた、<u>欠陥商品</u>の被害者救済を目的とする法律を何というか。	製造物責任法（PL法）
★★★★★ **14** □□□	欧米諸国の PL 法で採用されている、欠陥に関する日本とは異なる原則を何というか。日本では導入されていない。	欠陥の推定
★★★★★★ **15** □□□	医薬品の製造上の欠陥や副作用による健康被害を何というか。サリドマイド事件やスモン病事件などがある。	薬害

■消費者保護と消費者運動

★★★★★★ **1** □□□	1962年にケネディ大統領が示し、その後の消費者保護運動の基本となった「消費者の 4 つの権利」とは何か。	安全である権利 知らされる権利 選択できる権利 意見を反映させる権利
★★★★★★ **2** □□□	2009（平成21）年に設置された、消費者行政の司令塔としての役割を担う行政機関を何というか。	消費者庁
★★★★★★ **3** □□□	消費者保護基本法を改正して成立した、消費者の権利尊重と自立支援を基本理念とする法律を何というか。	消費者基本法
★★★★★★ **4** □□□	情報量で弱い立場にある消費者の保護を目的とする、不公正な契約の取消権などを定めた法律を何というか。	消費者契約法
★★★★★★ **5** □□□	商品テストや消費者問題の情報提供を行なう、<u>消費者庁</u>が所管する独立行政法人を何というか。	国民生活センター
★★★★★★ **6** □□□	<u>国民生活センター</u>と連携して消費者行政にあたる、地方公共団体が設置する行政機関を何というか。	消費生活センター （消費者センター）
★★★★★★ **7** □□□	環境に優しい商品を選択したり、消費者の観点から環境保全活動に取り組んだりする人を何というか。	グリーンコンシューマー
★★★★★★ **8** □□□	製造や流通など生産活動の決定権は消費者にある、という考え方を何というか。消費者運動で用いられる。	消費者主権

■公害の発生と原因

★★★★★★ 1 □□□	人類活動が招く相当範囲にわたる環境汚染などにより、人の健康や生活環境に被害が生じることを何というか。	公害
★★★★★★ 2 □□□	環境基本法で定められた「典型七公害」のうち「土壌汚染」「振動」「地盤沈下」「悪臭」以外の他の3つとは何か。	大気汚染・水質汚濁・騒音
★★★★★★ 3 □□□	公害の中でも、工場の排気ガスによる大気汚染や工場騒音など事業者による公害を何というか。	産業公害
★★★★★★ 4 □□□	光化学スモッグやごみ問題など、都市に産業や人口が集中することで生じる公害を何というか。	都市公害（都市生活型公害）
★★★★★★ 5 □□□	日本の「公害の原点」といわれる、甚大な被害をもたらした明治時代の公害事件を何というか。	足尾銅山鉱毒事件
★★★★★★ 6 □□□	足尾銅山鉱毒事件の解決に向け、帝国議会で初めて公害問題を追及した栃木県選出の衆議院議員は誰か。	田中正造
★★★★★★ 7 □□□	1900年頃に愛媛県で発生した、銅精錬所からの亜硫酸ガスを原因とする公害事件を何というか。	別子銅山煙害事件
★★★★★★ 8 □□□	1960年代後半に提訴され、その後の日本の環境政策に大きな影響を与えた「四大公害訴訟」とは何か。	新潟水俣病訴訟 四日市ぜんそく訴訟 富山イタイイタイ病訴訟 熊本水俣病訴訟
★★★★★★ 9 □□□	工場など事業活動による廃棄物を何というか。排出事業者に処理責任があるが、不法投棄が問題視されている。	産業廃棄物
★★★★★★ 10 □□□	ごみの低温焼却などが原因で発生し社会問題となった、強い毒性を有する有機塩素系の化合物を何というか。	ダイオキシン
★★★★★★ 11 □□□	優れた保温性などから建材に重宝されたが、病原物質と分かり使用されなくなった繊維状の鉱物を何というか。	アスベスト（石綿）
★★★★★★ 12 □□□	21世紀に入って特に問題視されている、動物の内分泌系に悪影響を及ぼすDDTなどの化学物質を何と呼ぶか。	環境ホルモン（内分泌かく乱化学物質）
★★★★★★ 13 □□□	1981（昭和56）年に最高裁が請求棄却した、飛行機の騒音	大阪空港公害訴訟

公害に関して人格権が争われた訴訟を何というか。		

■公害防止

★★★★★★ 1 □□□	事業者や行政の公害防止の責務を明確にし、施策の基本事項を定めた、1967(昭和42)年制定の法律を何というか。	公害対策基本法
★★★★★★ 2 □□□	公害対策基本法と自然環境保全法を見直して制定された、環境保全の基本的理念を定めた法律を何というか。	環境基本法
★★★★☆☆ 3 □□□	2001(平成13)年の中央省庁再編により設置された、公害防止や環境保全を担当する行政機関を何というか。	環境省
★★★☆☆☆ 4 □□□	二酸化炭素排出への炭素税や日本の地球温暖化対策税など、環境負荷の抑制を目的とする租税を何というか。	環境税
★★★★★★ 5 □□□	開発による環境への影響を事前に調査・予測・評価し、適正な環境配慮を目指す制度を何というか。	環境アセスメント(環境影響評価)
★★★★★★ 6 □□□	環境負荷を抑制する考え方で、施設ごとの濃度ではなく、地域や事業所全体で削減量を定める方法を何というか。	総量規制
★★★★★★ 7 □□□	公害の発生者が公害防止や被害者救済のための費用を負担すべきだ、とする考えを何というか。	PPP(汚染者負担の原則)
★★★★★★ 8 □□□	環境法令や製造物責任法で規定される、事業者が無過失の場合も被害者への賠償責任を負う制度を何というか。	無過失責任制
★★☆☆☆☆ 9 □□□	リサイクルしやすい製品開発を促進するため、生産者が製品の処分まで一定責任を負う考えを何というか。	拡大生産者責任(EPR)

■循環型社会

★★★★★☆ 1 □□□	資源の循環的利用などにより、天然資源消費の抑制と環境負荷の低減を目指す社会のことを何というか。	資源循環型社会
★★★★★★ 2 □□□	循環型社会の形成に向けて、基本原則や行政・事業者・国民それぞれの責務などを定めた法律を何というか。	循環型社会形成推進基本法
★★★★★☆ 3 □□□	循環型社会の形成に向けて重要な3つの取り組みをあらわす「3R」のうち、「廃棄物の減量化」を何というか。	リデュース
★★★★★☆ 4 □□□	循環型社会の形成に向けて重要な3つの取り組みをあら	リユース

わす「3R」のうち、「製品の再利用」を何というか。

| ★★★★★
5 □□□ | 循環型社会の形成に向けて重要な3つの取り組みをあらわす「3R」のうち、「製品の再資源化」を何というか。 | リサイクル |
| ★★★☆☆
6 □□□ | 廃棄物や温室効果ガスの排出ゼロを目指す活動や経済システムのことを何というか。 | ゼロエミッション |

❸ 労使関係と労働市場　　　用語集 p.201〜212

■労働問題の発生と労働運動の歩み

★★★★★★ 1 □□□	労働者と使用者が結ぶ契約を何というか。	労働契約
★★★★★★ 2 □□□	賃金や就業時間など、働くうえでの条件を何というか。	労働条件
★★★★★★ 3 □□□	劣悪な労働環境の改善や労働者の地位向上を目指し、労働者が使用者に対して行なう運動を何というか。	労働運動
★★★★☆☆ 4 □□□	19世紀前半のイギリスで起きた、手工業者や労働者による機械・工場施設の破壊活動のことを何というか。	ラッダイト（機械打ちこわし）運動
★★★★☆☆ 5 □□□	1916（大正5）年に施行された、日本初の本格的な労働者保護に関する法律を何というか。	工場法
★★★★★★ 6 □□□	<u>労働条件</u>の維持改善や経済的地位の向上などに取り組む、労働者が主体となって組織する団体を何というか。	労働組合
★★★★★☆ 7 □□□	1919年に設立された、労働条件の改善を国際的に実現することを目標とする国連の専門機関を何というか。	国際労働機関（ILO）
★★★★☆☆ 8 □□□	1989（平成元）年に総評・同盟・中立労連・新産別が合流して結成されたナショナル・センターを何というか。	連合（日本労働組合総連合会）
★★★★☆☆ 9 □□□	各ナショナル・センターの指導・調整下で各労働組合が毎年春に行なう、賃金等に関する団体交渉を何というか。	春闘

■労働三法

| ★★★★★★
1 □□□ | 日本国憲法第27条第2項に基づき、労働条件の最低基準を定めた労働者保護法令を何というか。 | 労働基準法（労基法） |
| ★★★★★★
2 □□□ | 日本国憲法で定められた労働三権を保障するために、<u>労</u> | 労働組合法（労組法） |

	働組合を法的に認めた法律を何というか。	
★★★★★★ 3 ☐☐☐	労働関係の公正な調整や労働争議の予防・解決をはかるため、1946（昭和21）年に制定された法律を何というか。	労働関係調整法（労調法）
★★★★★★ 4 ☐☐☐	労働者保護の基本的な法律である労働基準法・労働組合法・労働関係調整法をまとめて何というか。	労働三法
★★★★★★ 5 ☐☐☐	労働者保護規定の順守を目指し、事業者を監督するために各都道府県に設置される機関を何というか。	労働基準監督署
★★★★★★ 6 ☐☐☐	労働者の生活安定をはかるため、賃金の最低限度を保障することを定めた法律を何というか。	最低賃金法
★★★★☆☆ 7 ☐☐☐	労使関係の多様化に伴う紛争増加に対応するため制定された、労働契約の基本事項を定めた法律を何というか。	労働契約法
★★★★★☆ 8 ☐☐☐	個別的労働紛争の迅速な解決を目指し、裁判官と労働審判員が関与して審理・判断する制度を何というか。	労働審判制度
★★★★★★ 9 ☐☐☐	労働基準法に基づき年間で10〜20日保障される、給与が支給される休暇を何というか。	年次有給休暇
★★★★★★ 10 ☐☐☐	コアタイムの勤務を前提とし、労働者が出社及び退社時刻を自由に決定できる労働時間制度を何というか。	フレックスタイム制（変形労働時間制）
★★★★☆☆ 11 ☐☐☐	実際の労働時間に関係なく、契約した労働時間を勤務したとみなして賃金が支払われる制度を何というか。	裁量労働制
★★★★★★ 12 ☐☐☐	労働組合と使用者の団体交渉により、労使関係等に関して合意した協定書を何というか。	労働協約
★★★★★★ 13 ☐☐☐	労働条件等の要求のために、正常な業務運営を阻害する行為などを労働者が集団で行なう抗議活動を何というか。	争議行為（労働争議）
★★★★★☆ 14 ☐☐☐	争議行為のうち、労働者が団結して就労を拒否する行為を何というか。	ストライキ（同盟罷業）
★★★★★☆ 15 ☐☐☐	労働組合法では正当な争議行為は刑罰や損害賠償の対象とならないことを定めているが、この規定を何というか。	刑事免責と民事免責
★★★★★★ 16 ☐☐☐	労働三権の侵害や正当な労働組合活動の妨害など、労働組合法第7条で定められている禁止事項を何というか。	不当労働行為

★★★★★★		
17 ☐☐☐	労働関係調整法に基づき、争議行為の調整や<u>不当労働行為</u>の判定などを行なう機関を何というか。	労働委員会
★★★★★★		
18 ☐☐☐	<u>労働委員会</u>の委員が労働者と使用者の間に入り、個別的労働紛争の自主的解決を促す方法を何というか。	あっせん 斡旋
★★★★★★		
19 ☐☐☐	労働者・使用者・公益委員による委員会が第三者として労使間を仲介し、紛争解決を促す方法を何というか。	ちょうてい 調停
★★★★★★		
20 ☐☐☐	公益委員のみの委員会が紛争解決に向けて、労使双方の主張を調整し裁定を下す紛争解決方法を何というか。	ちゅうさい 仲裁(仲裁裁定)

■現代日本の労働問題

★★★☆☆☆		
1 ☐☐☐	欧米を中心に世界の主流である、業務内容などを事前に明確に定めて労働契約を結ぶ雇用形態を何というか。	ジョブ型雇用
★★★★★★		
2 ☐☐☐	日本的雇用慣行の1つとされる、企業が従業員を定年まで雇用する制度を何というか。	しゅうしん 終身雇用制
★★★★★★		
3 ☐☐☐	日本的雇用慣行の1つとされる、勤続年数に応じて賃金や職位が上がる制度を何というか。	ねんこうじょれつ 年功序列型賃金
★★★★★★		
4 ☐☐☐	日本的雇用慣行の1つとされる、企業ごとに正社員で労働組合を組織することを何というか。	企業別組合(企業別労働組合)
★★★★★★		
5 ☐☐☐	日本では女性に多くみられる、正規の労働者より短時間で雇用される労働者のことを何というか。	パートタイマー
★★★★★★		
6 ☐☐☐	<u>パートタイマー</u>など正規契約でない労働者の総称を何というか。低賃金や不安定な雇用などの問題がある。	ひせいきこよう 非正規雇用者
★★★☆☆☆		
7 ☐☐☐	<u>非正規雇用者</u>の労働条件適正化や福利厚生の充実促進をはかる、2021(令和3)年施行の法律を何というか。	パートタイム・有期雇用労働法
★★★★★☆		
8 ☐☐☐	事業所に登録し、要請があった企業に派遣される形式で労働に従事する労働者を何というか。	派遣労働者(社員)
★★★★☆☆		
9 ☐☐☐	<u>派遣労働者</u>の雇用安定と福祉増進や、登録する事業所の適正な運営を目的とする法律を何というか。	労働者派遣事業法(労働者派遣法)
★★★★★★		
10 ☐☐☐	給与額や雇用期間など正社員とは異なる個別の労働条件	契約社員

第Ⅱ部 第4章 国民福祉

	で契約を結んで労働に従事する社員を何というか。	
★★★★★★ **11** ☐☐☐	当該国以外から就労を目的として入国した、他国籍の労働者を何というか。日本は厳しい入国管理をしている。	外国人労働者
★★★☆☆☆ **12** ☐☐☐	発展途上地域の経済発展を担う人材に技能等を伝えることで、人材育成と国際協力を推進する制度を何というか。	外国人技能実習制度 （外国人研修制度）
★★★★☆☆ **13** ☐☐☐	労働者確保が困難な産業分野で<u>外国人労働者</u>を雇用しやすくした、2019（令和元）年新設の在留資格を何というか。	特定技能
★☆☆☆☆☆ **14** ☐☐☐	外国人の出入国や在留管理に関する施策を総合的に推進するために設置された行政機関を何というか。	出入国在留管理庁
★★★★★★ **15** ☐☐☐	不採算部門の切り捨てや人員整理など、「事業の再構築」を行なうことを何というか。	リストラクチャリング（リストラ）
★★★★★★ **16** ☐☐☐	長時間労働や過重業務による肉体的・精神的ストレスの結果、突然死に至ることを何というか。	過労死
★★★★★★ **17** ☐☐☐	時間外労働時間の上限設定や過少申告の強要などによる、手当が支給されない時間外の勤務を何というか。	サービス残業
★★★★☆☆ **18** ☐☐☐	業務を複数人で分担することで、余暇時間の増加や雇用機会の創出を目指すことを何というか。	ワークシェアリング
★★★★★★ **19** ☐☐☐	仕事と生活の調和がとれた状態を何というか。長時間労働の抑制や年次有給休暇取得促進に取り組んでいる。	ワーク・ライフ・バランス
★★★★☆☆ **20** ☐☐☐	2019（令和元）年より順次施行されている、改正労働基準法や改正労働契約法などを総称して何というか。	働き方改革関連法
★★★★★★ **21** ☐☐☐	<u>働き方改革関連法</u>で定められた、雇用形態による不合理な待遇差の解消を目指す考えを何というか。	同一労働・同一賃金
★★☆☆☆☆ **22** ☐☐☐	高度な専門的知識を有するなど一定要件を満たす労働者を労働時間規制の対象から除外する制度を何というか。	高度プロフェッショナル制度
★★★☆☆☆ **23** ☐☐☐	ICTを活用し、時間や場所を有効利用する柔軟な働き方を何というか。在宅勤務やモバイル勤務などが該当する。	テレワーク（リモートワーク）
★★★★★☆ **24** ☐☐☐	障がい者の法定雇用率を定めるなど、障がい者の能力開発と雇用促進を目指す法律を何というか。	障害者雇用促進法 （身体障害者雇用促進法）

★★★★★★		
25 ☐☐☐	乳幼児や介護が必要な家族を有する労働者に対する育児（介護）休業を使用者に義務づけた法律を何というか。	育児休業法（育児・介護休業法）
★★★★★★		
26 ☐☐☐	女子差別撤廃条約の批准を受けて1985（昭和60）年に成立した、職場での性別差別を禁止した法律を何というか。	男女雇用機会均等法
★★★★★★		
27 ☐☐☐	男女が互いに人権を尊重し、かつ能力を十分に発揮できる社会の実現を目指して成立した法律を何というか。	男女共同参画社会基本法
★★★★★☆		
28 ☐☐☐	性的嫌がらせにより、仕事上の不利益を与えたり職場環境を悪化させたりすることを何というか。	セクシュアル・ハラスメント（セクハラ）
★★★☆☆☆		
29 ☐☐☐	非労働力人口のうち、満15〜34歳で、通学・家事もしていない若年無業者のことを何というか。	ニート
★★★★★★		
30 ☐☐☐	労働に従事しているが、生活保護基準を満たすかどうかの低い所得水準にある人々を何というか。	ワーキングプア

❹ 社会保障

用語集 p.213〜222

■社会保障の歩み

★★★★★★		
1 ☐☐☐	国民の最低限度の生活を保障するために、貧困や疾病など社会不安に対して国が構築するしくみを何というか。	社会保障制度
★★★★★★		
2 ☐☐☐	社会保障制度の充実と完全雇用の実現を目標とする国家を何というか。多くの現代国家が該当する。	福祉国家
★★★★★★		
3 ☐☐☐	近代社会福祉制度のきっかけとされる、1601年にイギリス女王が発した法律を何というか。	エリザベス救貧法
★★★★★★		
4 ☐☐☐	国民保険と公的扶助を柱とする社会保障のあり方をまとめた、1942年にイギリスで公表された文書を何というか。	ベバリッジ報告
★★★★★★		
5 ☐☐☐	ベバリッジ報告で示された、国民の全生涯の生活保障を目標とする社会保障制度を表現する言葉は何か。	「ゆりかごから墓場まで」
★★★★★★		
6 ☐☐☐	ベバリッジ報告で示された社会保障制度の基本原則の1つで、最低限度の生活水準をあらわす言葉は何か。	ナショナル・ミニマム
★★★★★☆		
7 ☐☐☐	税方式ともいわれる、公費負担（国民租税負担）が高く均一拠出・給付を原則とする社会保障制度を何というか。	北欧型の社会保障制度

★★★★★★ **8** □□□ ニューディール政策の1つで、老齢遺族年金と失業保険を柱とするアメリカの法律を何というか。		社会保障法
★★★★★★ **9** □□□ 19世紀にプロイセンの近代化に大きく貢献し、国際政治でも主導的立場となった「鉄血宰相」は誰か。		ビスマルク
★★★★★★ **10** □□□ 労働者保護と労働運動弾圧を並行して推進した、<u>ビスマルク</u>による社会政策を通称何というか。		アメとムチの政策
★★★★☆☆ **11** □□□ ビスマルクが労働運動弾圧のために制定した、ドイツ社会主義労働者党の集会等を制限した法律を何というか。		社会主義者鎮圧法
★★★★☆☆ **12** □□□ 1944年の国際労働機関総会(ILO)で採択された「ILOの目的に関する宣言」を何というか。		フィラデルフィア宣言

■日本の社会保障制度

★★★★★★ **1** □□□ 日本の社会保障制度の柱の1つで、生活困窮者に対して国が最低限度の生活を保障するしくみを何というか。		公的扶助
★★★★★★ **2** □□□ 日本の社会保障制度の柱の1つで、疾病や老齢などの生活不安に対して給付を行なう公的保険制度を何というか。		社会保険
★★★★★★ **3** □□□ 日本の社会保障制度の柱の1つで、児童や高齢者など生活不安を抱える者への援助を行なうしくみを何というか。		社会福祉
★★★★★★ **4** □□□ 日本の社会保障制度の柱の1つで、疾病予防などを目的とする社会的なしくみを何というか。		公衆衛生
★★★★★★ **5** □□□ 日本において公的扶助を具体的に保障するために、1946(昭和21)年に制定された法律を何というか。		生活保護法
★★★★★★ **6** □□□ <u>社会保険</u>の給付にかかる費用を賄うために徴収される掛金を何というか。		社会保険料(保険料)
★★★★★★ **7** □□□ 被保険者とその扶養者に対し、疾病等によって受けた医療サービスの給付を行なう社会保険を何というか。		医療保険(健康保険)
★★★★★★ **8** □□□ 日本では1961(昭和36)年に実現した、全国民が<u>健康保険</u>制度に加入することを何というか。		国民皆保険
★★★★★★ **9** □□□ 1974(昭和49)年に失業保険を発展し創設された、失業者		雇用保険

	の生活安定などを目的とする保険制度を何というか。	
★★★★★★ 10 □□□	労働時の事故による療養や休業などに対して補償する保険制度を何というか。保険料は使用者が全額負担する。	労働者災害補償保険（労災保険）
★★★★★★ 11 □□□	労働可能なときに保険料を支払い、老後や死亡時に給付金を受け取る社会保険を何というか。	年金保険
★★★★★★ 12 □□□	国や共済組合が運営する、強制加入を原則とする年金を総称して何というか。	公的年金
★★★★★☆ 13 □□□	公的年金のうち、民間企業の被雇用者を対象とする年金保険を何というか。保険料は使用者も半分負担する。	厚生年金
★★★★★☆ 14 □□□	公的年金のうち、全国民が加入する基礎年金を何というか。以前は自営業者など一部を対象としていた。	国民年金
★★☆☆☆☆ 15 □□□	厚生年金に加入できない自営業者などを対象に、国民年金に給付額を上乗せする制度を何というか。	国民年金基金
★★★★★★ 16 □□□	日本では1961（昭和36）年に実現した、全国民が年金制度に加入することを何というか。	国民皆年金
★☆☆☆☆☆ 17 □□□	公的年金の積立金の管理と運用を担う、2006（平成18）年に設立された厚生労働省所管の機関を何というか。	年金積立金管理運用独立行政法人（GPIF）
★★★★★★ 18 □□□	被保険者が納める保険料とその運用益を給付の原資とする年金方式を何というか。人口増加に伴い縮小した。	積立方式
★★★★★★ 19 □□□	その年の給付総額を在職中の被保険者・企業・国が負担する、世代間扶養の考えに基づく年金方式を何というか。	賦課方式
★★☆☆☆☆ 20 □□□	将来世代の負担軽減を目指し2004（平成16）年に導入された、年金給付水準を調整するしくみを何というか。	マクロ経済スライド
★★☆☆☆☆ 21 □□□	被保険者が拠出金の運用商品を選択し、その運用益と拠出の合計により給付額が決まる年金制度を何というか。	確定拠出年金（日本版401K）
★★★★★★ 22 □□□	満40歳以上の全国民が加入する、2000（平成12）年に始まった介護サービスに関する保険制度を何というか。	介護保険制度
★★★☆☆☆ 23 □□□	2025（令和7）年までの構築を目指す、高齢者が自分らしい生活を送るための支援体制を何というか。	地域包括ケアシステム

★★★★★☆		
24 □□□	日本の社会福祉行政の骨格をなす、福祉関係の基本法をまとめて何というか。	福祉六法
★★★★☆☆		
25 □□□	福祉六法の1つで、児童の健全な育成をはかることを目的とした1947(昭和22)年制定の法律を何というか。	児童福祉法
★★★★☆☆		
26 □□□	福祉六法の1つで、身体障がい者の機能回復や社会的自立の援助を目的とした法律を何というか。	身体障害者福祉法
★★★★☆☆		
27 □□□	福祉六法の1つで、知的障がい者の保護と援助のための福祉サービスについて定めた法律を何というか。	知的障害者福祉法
★★★★★☆		
28 □□□	福祉六法の1つで、高齢者の健康維持と生活安定に必要な援助を目的とした法律を何というか。	老人福祉法
★★★★★☆		
29 □□□	福祉六法の1つで、経済的及び社会的な困難を抱える1人親世帯への援助を目的とした法律を何というか。	母子及び父子並びに寡婦福祉法
★★★★☆☆		
30 □□□	1993(平成5)年に現名称となった、障がい者福祉に関する基本理念と国の責務を定めた法律を何というか。	障害者基本法
★★★★☆☆		
31 □□□	衛生思想の普及や感染症予防などの業務を担う、公衆衛生を実施・推進するための機関を何というか。	保健所

■日本の社会保障制度の課題

★★★★★★		
1 □□□	社会福祉に関する理念で、障がい者を特別視せず誰もが同等の生活を送れる社会を目指す考えを何というか。	ノーマライゼーション
★☆☆☆☆☆		
2 □□□	性別や国籍などを個性の違いとして尊重し、偏見や差別を排除した社会を何というか。「多様性」を意味する。	ダイバーシティ
★★☆☆☆☆		
3 □□□	すべての人や価値観が排除されず、互いに尊重し支え合う社会や組織を目指す考えを何というか。	包摂(インクルージョン)
★★★★★★		
4 □□□	障がい者や高齢者の視点から、生活上の様々な障壁を排除した社会の実現を目指すことを何というか。	バリアフリー
★★★★☆☆		
5 □□□	ピクトグラムのように文化などの違いによらず皆が利用できるように設計された製品や建築を何というか。	ユニバーサルデザイン

★★★☆☆☆		
6 ☐☐☐	在宅高齢者が高齢者ホームなどに通って食事訓練や入浴などの介護サービスを受けることを何というか。	デイサービス（デイケア）
★★★★★☆		
7 ☐☐☐	高齢者人口（満65歳以上）の割合が14％を超えた社会を何というか。日本は1994（平成6）年に突入した。	高齢社会
★★★★★☆		
8 ☐☐☐	満75歳以上の全高齢者と、障がいを持つ満65歳以上の高齢者を対象とする公的な医療保険制度を何というか。	後期高齢者医療制度
★★★★★☆		
9 ☐☐☐	人口統計で用いられる、15歳から49歳までの女性の年齢別出生率を合計した数値を何というか。	合計特殊出生率
★★★★★☆		
10 ☐☐☐	社会問題にもなった、保育所に入所できずに機会を待っている状態の子どもを何というか。	待機児童
★☆☆☆☆☆		
11 ☐☐☐	子どもを産むかどうかや、タイミングや人数など出産に関する決定権を女性に保障する考えを何というか。	リプロダクティブ・ヘルス／ライツ
★★★★☆☆		
12 ☐☐☐	一般的には生産活動に従事するとされる、満15歳以上65歳未満の人口を何というか。	生産年齢人口
★★★★★☆		
13 ☐☐☐	社会保障制度や失業者への雇用保険など、国民の安心と生活安定を支えるしくみのことを何というか。	セーフティネット
★★★★★☆		
14 ☐☐☐	ローレンツ曲線を用いて算出される、社会の平等・不平等をあらわす係数を何というか。	ジニ係数
★★★☆☆☆		
15 ☐☐☐	ある国において「等価可処分所得が全人口の中央値の半分に満たない者」が全体に占める割合を何というか。	相対的貧困率
★★☆☆☆☆		
16 ☐☐☐	所得保障制度の1つで、政府が全国民に無条件で一律の金額を給付する制度を何というか。	ベーシック・インカム

❺ 情報社会

用語集 p.223〜225

★★★★★★		
1 ☐☐☐	スマートフォンやタブレットなど、情報関連技術・端末を総称して何というか。	IT（ICT・情報技術）
★★★★☆☆		
2 ☐☐☐	大容量かつ多様なデータを何というか。超高速情報処理技術と蓄積技術の確立により活用できるようになった。	ビッグデータ

★★☆☆☆☆☆ 3 □□□	ネットワークによるシステム破壊などで、政治・社会面で混乱を引き起こそうとする行為を何というか。	サイバーテロ（サイバー攻撃）
★☆☆☆☆☆☆ 4 □□□	サイバーテロや偽情報の流布、他国での世論操作など非軍事手段も用いる近年主流の軍事戦略を何というか。	ハイブリッド戦争
★★★☆☆☆☆ 5 □□□	サービスの基盤となるシステムを提供する、国際的に大きな影響力を有する巨大IT企業を何というか。	プラットフォーマー（プラットフォーム企業）
★★★☆☆☆☆ 6 □□□	自国に工場など物理拠点を持たない外国企業に対して、課税が可能となる新たなしくみを何というか。	デジタル課税

❻ 資源・エネルギー問題　　　用語集 p.225〜228

★★★★★☆☆ 1 □□□	石炭、石油、天然ガスなど、太古の動植物が地中で炭化して形成された燃料を何というか。	化石燃料
★★★★★★☆ 2 □□□	13カ国が加盟する、欧米のメジャーから石油産出国の利益を守るため1960年に結成された組織を何というか。	石油輸出国機構（OPEC）
★★★★★☆☆ 3 □□□	石油危機に代表される、資源保有国が自国の天然資源の開発・管理を行なうべきとする考えを何というか。	資源ナショナリズム
★★★☆☆☆☆ 4 □□□	ウランやプルトニウムなどを用い、原子核の核分裂時に発生する熱を利用するエネルギーを何というか。	原子力エネルギー
★★★★☆☆☆ 5 □□□	太陽光や風力など、永続的に利用できる非化石のエネルギー源を何というか。	再生可能エネルギー
★★★☆☆☆☆ 6 □□□	間伐材やサトウキビ由来のエタノールなど、化石資源を除く生物由来の有機性資源を何というか。	バイオマス（エネルギー）
★☆☆☆☆☆☆ 7 □□□	原子力や地熱など、天候や時間帯問わず安定かつ低コストで発電可能な動力源を総称して何というか。	ベースロード電源
★☆☆☆☆☆☆ 8 □□□	地域に遍在する発電所を有効活用するため、2020（令和2）年に始まった電力システム改革を何というか。	発送電分離
★★★☆☆☆☆ 9 □□□	情報技術を活用して電力の流れを制御・最適化する、「賢い送電網」を意味する次世代技術を何というか。	スマートグリッド

★★★★☆☆
10
□□□ 資源の枯渇やごみ問題に対応するため、資源やエネルギーの効率的利用をはかることを何というか。

省資源・省エネルギー

★☆☆☆☆☆
11
□□□ タングステンやニッケルなど、希少な金属や抽出が困難な金属を何というか。

レアメタル

★☆☆☆☆☆
12
□□□ 発電時に二酸化炭素を排出しない、水の電気分解の原理を利用した装置を何というか。

燃料電池

第Ⅱ部

第4章 国民福祉

第5章 **国際経済と国際協力**

❶ 貿易と国際収支

用語集 p.229〜234

■国際経済と貿易

★★★★★★
1
国民経済を単位として、国家間で行なわれる経済を何というか。

国際経済（世界経済）

★★★★★★
2
モノや人の自由な移動といった国家を越えた経済活動による、各国経済の相互依存性の高まりを何というか。

経済のグローバル化

★★★★★★
3
財・サービスの貿易や直接投資、技術移転など様々な形態で展開される国家間の分業関係を何というか。

国際分業

★★★☆☆☆
4
同程度の経済水準にある先進工業国同士の国際分業を何というか。近年は発展途上国同士でもみられる。

水平的分業

★★★★★☆
5
産業構造や輸出構成において、ある特定の産業や産品に重点を置くことを何というか。

特化

★★★★★★
6
19世紀に重商主義政策への批判から生まれた、アダム＝スミスらが主張した貿易の考えを何というか。

自由貿易

★★★★★★
7
自由貿易の利点を主張した、アダム＝スミスとならぶイギリス古典派経済学の代表的人物は誰か。

リカード

★★★★★★
8
リカードが主張した、国際分業と貿易に関する理論を何というか。

比較生産費説

★★★★★☆
9
比較生産費説において、各国が相対的な優位性を持つ分野に特化する、という考えを何というか。

比較優位

★★★★★★
10
国内産業育成のために、関税や数量規制などの制限をかける貿易の考えを何というか。

保護貿易

★★★★★★
11
比較生産費説を否定し、後進工業国には保護貿易が必要であると主張したドイツの経済学者は誰か。

リスト

★★★★★☆
12
保護貿易の論拠に用いられる、将来性は期待できるがまだ競争力の弱い産業を何というか。

幼稚産業

★★☆☆☆☆
13
部品製造、組み立て、検査など同じ製品を工程ごとに区

工程間分業

切って国際分業することを何というか。

★★★★★★ 14 □□□	自国に利益が出ていることを意味する、輸出額が輸入額を上回った状態の貿易収支を何というか。	貿易黒字
★★★★★★ 15 □□□	自動車生産のコンベアシステムなど、ヘンリー＝フォードによる経営理念や生産方式を何というか。	フォーディズム

■国際収支

★★★★★★ 1 □□□	1年間で、外国との間で行なった貨幣の収支決算を何というか。	国際収支
★★★★★★ 2 □□□	国際収支のうち、貿易・サービス収支、第一次所得収支、第二次所得収支をまとめて何というか。	経常収支
★★★★★★ 3 □□□	アメリカの巨額赤字、中国や産油国の恒常的な黒字など、経常収支が世界的に不均衡な状態を何というか。	グローバル・インバランス
★★★★★★ 4 □□□	外国での起業のための投資や、外国企業のM&Aに向けた株式取得への投資などを何というか。	直接投資
★★★★★★ 5 □□□	株式、投資信託、社債といった有価証券(ゆうか)への投資を何というか。	証券投資
★★★★★★ 6 □□□	政府や中央銀行が対外支払いに備えて保有する金や外貨を何というか。日本は世界第2位の保有国である。	外貨準備
★★★★★★ 7 □□□	国際収支のうち、直接投資や証券投資、金融派生商品、外貨準備などをまとめて何というか。	金融収支
★★★★★★ 8 □□□	国際収支のうち、発展途上国への援助など他国の資本形成のための投資を計上する項目を何というか。	資本移転等収支

■国際資本移動

★★★★★★ 1 □□□	1980年代を中心に発展途上国などで起きた、他国からの債務が重なり返済が困難になる問題を何というか。	累積債務問題(るいせき)
★★★★☆☆ 2 □□□	累積債務問題の結果、返済が不可能になる状態を何というか。ブラジルやギリシャなどで起きた。	デフォルト(債務不履行)
★★★☆☆☆ 3 □□□	事業や財政の再生実務で最も活用されている手法の1つ	リスケジューリング

で、債務返済の期限を再設定することを何というか。

★★☆☆☆
4
□□□ 世界で最も貧しく、最も重い債務を負う発展途上国を何というか。SDGs のターゲットにもあげられている。 | 重債務貧困国（HIPC）

★★★★★☆
5
□□□ 外国企業に対し低い課税率を設定するなど、戦略的に優遇措置を与えている国や地域を何というか。 | タックス・ヘイブン

★☆☆☆☆☆
6
□□□ 超低率課税により投機目的の短期取り引きを抑制し、為替相場安定を目指す税制度を提唱者の氏名から何というか。 | トービン税

② 国際経済の体制　　　用語集 p.234〜241

■外国為替相場

★★★★★☆
1
□□□ 自国通貨と他国通貨の交換比率のことを何というか。 | 為替レート（外国為替相場）

★★★☆☆☆
2
□□□ 世界各国の経済に大打撃を与えた、2008年に起きたアメリカ企業の経営破綻が招いた危機を何というか。 | 世界金融危機

★★★☆☆☆
3
□□□ 財・サービスやお金などのように実体を伴う取り引きによる経済活動を何というか。 | 実物経済（実体経済）

★★★★★☆
4
□□□ 外国為替の取り引きがされる市場を何というか。ここでの取り引きにより為替レートが決定する。 | 外国為替市場

★★★★★★
5
□□□ 円の価値が高くなることを何というか。この結果、日本の輸出関連企業にはマイナスの影響を及ぼす。 | 円高

★★★★★☆
6
□□□ 円高が国内の輸出産業に及ぼす悪影響が、景気全体に波及することで陥る経済状況を何というか。 | 円高不況

★★★★★☆
7
□□□ 為替レートの急な動きを緩和するために通貨当局が行なう通貨売買を何というか。 | 為替介入（外国為替平衡操作）

★★★★★★
8
□□□ 20世紀前半に多く形成された、特定の国・地域間での特恵関税など閉鎖的・排他的な経済圏を何というか。 | ブロック経済

■国際通貨制度

★★★★★		
1 □□□	1944年に連合国を中心に結ばれた、第二次世界大戦後の国際通貨制度に関する協定を何というか。	ブレトン・ウッズ協定
★★★★★★		
2 □□□	<u>ブレトン・ウッズ協定</u>合意により、戦後復興と経済開発援助を目的として設立された機関を何というか。	国際復興開発銀行(IBRD)
★★★☆☆☆		
3 □□□	無利子の融資と技術協力を行なうなど、最貧国支援を目的として1960年に設立された国際機関を何というか。	国際開発協会(IDA)
★★★★★★		
4 □□□	国際連合の専門機関でもある<u>国際復興開発銀行</u>と<u>国際開発協会</u>を総称して何というか。	世界銀行
★★★★★★		
5 □□□	<u>ブレトン・ウッズ協定</u>合意により、国際通貨問題の協議・協力を目的として設立された機関を何というか。	国際通貨基金(IMF)
★★★★★★		
6 □□□	第二次世界大戦後の経済再建に向け、為替レートの安定と国際貿易拡大を目指した国際経済体制を何というか。	IMF・GATT(ガット)体制
★★★★★★		
7 □□□	各国通貨の価値基準となる、外国との決済手段で用いられる通貨のことを何というか。	基軸通貨(キーカレンシー・国際通貨)
★★★★☆☆		
8 □□□	資本主義諸国の<u>基軸通貨</u>を米ドルとし、金１オンス＝35ドルで価値を定めた国際通貨体制を何というか。	金・ドル本位制
★★★★★★		
9 □□□	第二次世界大戦後から1973年まで採用されていた、外国為替相場を一定値に固定する制度を何というか。	固定為替相場制(固定相場制)
★★☆☆☆☆		
10 □□□	公共事業の打ち切りなどの手段で公的支出を抑制し、予算規模の縮小をはかる財政状況を何というか。	緊縮財政
★★☆☆☆☆		
11 □□□	<u>IMF</u>が債務返済困難国に対して緊急融資する際に課すインフレの抑制や<u>緊縮財政</u>などの条件を何というか。	コンディショナリティー

■ドル危機と国際通貨制度の変容

★★★★★☆		
1 □□□	アメリカの財政状況が原因の、ドルの信用低下によって国際通貨体制が不安定になった出来事を何というか。	ドル危機
★★★★★★		
2 □□□	1971年にアメリカ大統領が行なった国際通貨体制の方針転換を、その大統領の名から何というか。	ニクソン・ショック

★★★★★★		
3 □□□	<u>ニクソン・ショック</u>で、アメリカ経済立て直しをはかるために行なわれた方針転換を何というか。	金・ドル交換停止
★☆☆☆☆☆		
4 □□□	<u>金・ドル本位制</u>では、基軸通貨の信用維持と国際経済への安定供給が同時に達成困難であることを何というか。	国際流動性のジレンマ
★★★★★★		
5 □□□	1969年に <u>IMF</u> が設立した、IMF 出費額に比例して各国に分配される国際通貨を何というか。	SDR（IMF の特別引き出し権）
★★★★★★		
6 □□□	ニクソン・ショック後の<u>外国為替相場</u>再建に向けて、各国通貨の交換比率調整を行なった協定を何というか。	スミソニアン協定
★★★★★★		
7 □□□	1973年に<u>固定相場制</u>から移行した、通貨等の需要と供給によって為替レートが決定する制度を何というか。	変動為替相場制（変動相場制）
★★★★★☆		
8 □□□	1976年の IMF 暫定委員会で結ばれた、<u>変動相場制</u>の正式承認を決定した合意を何というか。	キングストン合意
★★★★★☆		
9 □□□	石油危機以降の経済危機に対処するため始まった「主要国首脳会議」を何というか。2023年は広島で開催された。	サミット
★★★☆☆☆		
10 □□□	「G」を頭文字として呼ぶ、参加国の財務大臣と中央銀行総裁が集まって行なう会議を何というか。	財務相・中央銀行総裁会議
★★★★★☆		
11 □□□	アメリカ・イギリス・ドイツ・フランス・日本・イタリア・カナダの 7 カ国による<u>サミット</u>及び<u>財務相・中央銀行総裁会議</u>を通称何というか。	G 7
★★★★★★		
12 □□□	<u>G 7</u> を含む20カ国による、金融、貿易、環境などの分野ごとに会合を開く国際会議を通称何というか。	G 20
★★★★★★		
13 □□□	為替レートの安定をはかるため、主要先進国の中央銀行が連携して為替売買を行なうことを何というか。	協調介入
★★★★★★		
14 □□□	1985年に結ばれた、ドル高是正に向けて主要国が<u>協調介入</u>することへの合意を何というか。	プラザ合意
★★★★★☆		
15 □□□	国内の財政収支赤字と外国との経常収支赤字が重なっている状態を何というか。主に1980年代の米国を指す。	双子の赤字
★★★★★★		
16 □□□	1997年のタイの通貨暴落が引き金となり、マレーシアや韓国などにも影響が及んだ国際通貨危機を何というか。	アジア通貨危機

★★★★☆☆ **17** □□□	複数の金融商品に投資を分散し、資産価値の目減りを避けて高い運用収益を追求する投資信託を何というか。	ヘッジファンド
★☆☆☆☆☆ **18** □□□	発展途上国で多く採用されている、中央銀行が自国通貨の変動幅を固定・管理する外国為替制度を何というか。	管理フロート制

■ GATT から WTO へ

★★★★★★ **1** □□□	1947年締結の協定書で、<u>自由貿易</u>実現に向けて「自由・無差別・多角」を掲げる事実上の国際組織を何というか。	GATT（関税及び貿易に関する一般協定）
★★★★★★ **2** □□□	国内産業保護や内外価格差調整のため、輸入する商品に課す税金を何というか。	関税
★★★★★★ **3** □□□	輸入数量制限や輸入許可制など、関税以外の方法で輸入を阻害する手段を総称して何というか。	非関税障壁
★★★★★★ **4** □□□	国内産業への深刻な打撃を防ぐため、特定商品の輸入量が急増したときに一時的に制限することを何というか。	セーフガード（緊急輸入制限）
★★★★★☆ **5** □□□	公正な貿易と商取引を保障する原則の1つで、ある国への通商上の待遇を他国にも適用することを何というか。	最恵国待遇
★★★★★☆ **6** □□□	公正な貿易と商取引を保障する原則の1つで、自国企業と同じ権利を他国企業にも保障することを何というか。	内国民待遇
★★★★☆☆ **7** □□□	関税などに関する国際取引上の交渉を、2国間でなく多国間で行なう方針を何というか。	多角主義
★★★★★☆ **8** □□□	<u>GATT</u> のもとで8回開催された、3カ国以上の国家で開く貿易協定に関する交渉を何というか。	多角的貿易交渉（ラウンド）
★★★★☆☆ **9** □□□	多国間での均等一律関税引き下げ構想を初めて打ち出し成果をあげた、1967年の<u>多角的貿易交渉</u>を何というか。	ケネディ・ラウンド
★★★★☆☆ **10** □□□	鉱工業製品の関税率平均33％引き下げや<u>ダンピング</u>防止に合意した、1979年の多角的貿易交渉を何というか。	東京・ラウンド
★★★★★★ **11** □□□	GATT にかわって多角的貿易体制の中核を担っている、1995年に設立された国際機関を何というか。	WTO（世界貿易機関）

★★★★★★ **12** □□□ GATTを改組してWTOを設立することを決定した、1986年から始まった多角的貿易交渉を何というか。	ウルグアイ・ラウンド
★★★★★★ **13** □□□ WTOの紛争解決手続きで採用される、1カ国でも賛成したら提案が採択される方式を何というか。	ネガティブ・コンセンサス方式
★★★★★☆ **14** □□□ 著作権や特許権など、知的創作物や営業上の権利について製作者に一定期間与えられる独占権を何というか。	知的財産権
★★★★★☆ **15** □□□ WTO成立時の協定の一部として発効した、<u>知的財産権</u>侵害に関する初めての国際的なルールを何というか。	トリップス TRIPs協定
★★★★★★ **16** □□□ 新興国も参加し貿易自由化などのルール策定を目指した、WTO発足後初の多角的貿易交渉を何というか。	ドーハ・ラウンド （ドーハ・開発アジェンダ）

❸ 国際経済の特質

用語集 p.242〜252

■欧州の地域統合

★★★★★★ **1** □□□ 関税など貿易規制を撤廃して自由貿易圏をつくり、効率的な国際分業と市場拡大を目指す経済圏を何というか。	地域経済統合(経済統合)
★★★★☆☆ **2** □□□ 欧州6カ国が1951年のパリ条約に合意し成立した、石炭と鉄鋼の単一市場を形成する組織を何というか。	欧州石炭鉄鋼共同体（ECSC）
★★★★☆☆ **3** □□□ <u>ECSC</u>加盟国が1958年に設立した、工業製品の域内関税撤廃や域外共通関税などを目指した組織を何というか。	欧州経済共同体（EEC）
★★★★☆☆ **4** □□□ ECSC加盟国が1958年に設立した、原子力の共同開発・管理を目指した組織を何というか。	欧州原子力共同体 ユーラトム （EURATOM）
★★★★★★ **5** □□□ 1967年に設立された、<u>ECSC</u>・<u>EEC</u>・<u>EURATOM</u>の3つの組織を統合した組織を何というか。	欧州共同体(EC)
★★☆☆☆☆ **6** □□□ ローマ条約の理念に基づき1985年に結ばれた、締結国同士の国境を段階的に撤廃する協定を何というか。	シェンゲン協定
★★★★★★ **7** □□□ 1993年に<u>EC</u>を改組して形成された、共通の通貨・外交・安全保障政策などをとる<u>地域経済統合</u>を何というか。	EU(欧州連合)
★★★★★★ **8** □□□ 経済に加えて政治や外交面での統合推進を定めた、<u>EU</u>創設を決定した条約を何というか。	マーストリヒト条約（欧州連合条約）

★★☆☆☆☆		
9 ☐☐☐	EU の立法と政策調整を主たる役割とする、EU の政策決定機関を何というか。欧州理事会とは異なる機関である。	EU 理事会
★★★★☆☆		
10 ☐☐☐	EU 大統領・EU 外相の新設や EU 基本権憲章への法的拘束力付与を定めた、2009年発効の基本条約を何というか。	リスボン条約
★★☆☆☆☆		
11 ☐☐☐	リスボン条約で権限や任期などが定められた、EU 大統領とも呼ばれる EU の代表者の正式名称を何というか。	欧州理事会常任議長
★★★★★☆		
12 ☐☐☐	規模・取り引き高ともに米ドルにつぐ世界第 2 位の国際通貨となっている EU の共通通貨を何というか。	ユーロ
★☆☆☆☆☆		
13 ☐☐☐	財政危機に陥った EU 加盟国や銀行への融資などを目的とする、2012年設立の金融支援機関を何というか。	欧州安定メカニズム（ESM）
★★★☆☆☆		
14 ☐☐☐	2009年、財政の粉飾決算の暴露を契機に財政危機に陥り、ユーロ圏全体に多大な影響を及ぼした危機を何というか。	ギリシャ財政危機
★★★★☆☆		
15 ☐☐☐	EU の統一的な金融政策を担う中央銀行を何というか。	欧州中央銀行（ECB）
★★★★☆☆		
16 ☐☐☐	移民の増加や貿易問題などを背景に、2020年にイギリスが EU を離脱した動きを何というか。	ブレグジット

■欧州以外の地域統合

★★★☆☆☆		
1 ☐☐☐	複数国家による地域内で貿易制限を廃止し、域外に共通の貿易制限を適用する地域統合を何というか。	関税同盟
★★★★★★		
2 ☐☐☐	複数の国家間で関税などの貿易障壁を撤廃し、自由貿易地域を実現するために結ばれる協定を何というか。	自由貿易協定（FTA）
★★★★★★		
3 ☐☐☐	貿易に限らず、人の移動や投資、知的財産権の保護など幅広い分野での連携を目指す協定を何というか。	経済連携協定（EPA）
★★★★★★		
4 ☐☐☐	1967年に東南アジア 5 カ国で結成した、高い経済成長をみせる地域連合を何というか。2023年現在、加盟国は10カ国である。	東南アジア諸国連合（ASEAN）
★★★★☆☆		
5 ☐☐☐	ASEAN 域内の貿易自由化や域外からの直接投資強化を目指す、1993年発足の地域経済統合を何というか。	ASEAN 自由貿易地域（AFTA）

★★★★★★ 6 □□□	「自由で開かれたインド洋」を掲げる、アジア太平洋の持続可能な成長と繁栄を目指す枠組みを何というか。	アジア太平洋経済協力（APEC）
★★★★★★ 7 □□□	知的財産権や電子商取り引きなどの分野で新ルール構築を目指す太平洋諸国による包括的経済協定を何というか。	環太平洋パートナーシップ協定（TPP11）
★★★★★★ 8 □□□	日本や中国など加盟国全体の経済規模が世界の約3割を占める、2022年発効の経済連携協定を何というか。	東アジア地域包括的経済連携（RCEP）
★★★★★★ 9 □□□	北米3カ国間の関税撤廃と金融市場自由化を実現した1994年発効の協定を何というか（現在は失効）。	北米自由貿易協定（NAFTA）
★★★★★★ 10 □□□	自由貿易協定の恩恵を受けるための迂回輸入の制限を目的とする、物品の国籍を決める規則を何というか。	原産地規則
★★★★★★ 11 □□□	原産地規則の厳密化などを定めた、2020年に発効したNAFTAにかわる協定を何というか。	アメリカ・メキシコ・カナダ協定（USMCA）
★★★★★★ 12 □□□	域内貿易自由化と域外共通関税を実施する、南米4カ国を正加盟国とする1995年発足の経済統合を何というか。	南米南部共同市場（MERCOSUR）

■発展途上国の経済

★★★★★★ 1 □□□	経済力、技術力、国民の生活水準などに優れた、高度な工業化を達成し経済発展が進んだ国を何というか。	先進国
★★★★★★ 2 □□□	経済の発展・開発水準が先進国に比べて低く、経済成長の途中にある国を何というか。	発展途上国（開発途上国）
★★★★★★ 3 □□□	先進国と発展途上国の間にある、経済・教育・医療など社会水準の格差に関する問題を何というか。	南北問題
★★★★★★ 4 □□□	発展途上国の中でも、特に経済発展が遅れている国を何というか。「最貧国」とも表現される。	後発発展途上国（LDC）
★★★★★★ 5 □□□	産油国や新興国と後発発展途上国の間にある、発展途上国とされる国の中の格差に関する問題を何というか。	南南問題
★★★★★★ 6 □□□	先進国が加盟し、経済成長や発展途上国支援への貢献を目的とする1961年発足の国際機関を何というか。	OECD（経済協力開発機構）

★★★★☆☆		
7 □□□	農産物や鉱産物など、未加工で自然形態の産出物を何というか。	一次産品
★★★★★☆		
8 □□□	特に発展途上国に多い、<u>一次産品</u>を中心とする少数の生産物に依存した状態の経済を何というか。	モノカルチャー経済
★★★★☆☆		
9 □□□	発展途上国の工業化や輸出促進などを目的に、先進国が特定国に関税上の特別優遇を行なう制度を何というか。	一般特恵関税制度 （特恵関税）
★★★★★★		
10 □□□	発展途上国が対等な立場で国際経済に参画できるよう、<u>南北問題</u>解決に取り組む国連機関を何というか。	国連貿易開発会議 （UNCTAD）
★★★★★☆		
11 □□□	「援助より貿易を」を掲げ、その後の取り組みに影響を及ぼした第 1 回 <u>UNCTAD</u> での報告書を何というか。	プレビッシュ報告
★★★★★★		
12 □□□	各国の政府など公的機関による、発展途上国の経済発展や福祉向上に寄与する資金・技術協力を何というか。	政府開発援助 （ODA）
★★★★★★		
13 □□□	先進29カ国と EU で構成される、<u>ODA</u> の調整と関連政策の促進を目的とする <u>OECD</u> の下部機関を何というか。	開発援助委員会 （DAC）
★★☆☆☆☆		
14 □□□	借款利率と返済期間により算出される、援助条件のゆるやかさを示す指標を何というか。ODA は25％以上となる。	グラント・エレメント（GE）
★★★☆☆☆		
15 □□□	国・地域の生活水準に関係なく、所得水準が国際貧困ラインに到達していない状態を何というか。	絶対的貧困
★★★★★★		
16 □□□	国連加盟国の自発的な拠出金を資金とし、発展途上国に技術援助を行なう1966年発足の国連機関を何というか。	国連開発計画 （UNDP）
★★★★☆☆		
17 □□□	1974年に採択された、発展途上国に公平な経済活動を保障する新しい国際経済秩序を目指す宣言を何というか。	新国際経済秩序 （NIEO）樹立に関する宣言
★★★☆☆☆		
18 □□□	天然資源保有国の恒久主権宣言や<u>新国際経済秩序樹立に関する宣言</u>が採択された会議を何というか。	国連資源特別総会
★★☆☆☆☆		
19 □□□	貧困対策の 1 つとして活用される、社会インフラなどある国や地域に足りない項目を示す指標を何というか。	ベーシック・ヒューマン・ニーズ （BHN）

■新しい動き

★★★★★☆ 1 □□□	1960〜70年代に急速な工業化をとげ、国際経済への影響力を高めた国や地域を何というか。	新興工業経済地域（NIES）
★★★★☆☆ 2 □□□	新興工業経済地域のうち、韓国・シンガポール・台湾・香港を総称して何というか。	アジア NIES
★★★★★☆ 3 □□□	発展途上国の中でも、経済その他の分野で急速な発展を遂げつつある国を何というか。	新興国
★★★★★☆ 4 □□□	いずれも広い国土と豊富な天然資源を有する、21世紀以降の経済発展が顕著な5カ国を総称して何というか。	BRICS
★★★★★☆ 5 □□□	発展途上国産の原料・製品を適正価格で継続的に輸入・購入することで支援につなげる活動を何というか。	フェアトレード（公正な貿易）
★★★☆☆☆ 6 □□□	経営合理化のため、自社業務を海外企業に委託することや、海外現地法人に業務を移管することを何というか。	オフショアリング
★★★★☆☆ 7 □□□	世界人口の約7割を占める貧困層の市場を何というか。援助が中心だがビジネス対象としても有望視される。	BOP 市場
★★★★☆☆ 8 □□□	利潤のみ追求せず、貧困など社会問題解決への取り組みを通して収益があがるよう展開する事業を何というか。	ソーシャル・ビジネス
★★★☆☆☆ 9 □□□	バングラデシュの経済学者ムハマド＝ユヌスが創設した、ソーシャル・ビジネスを展開する銀行を何というか。	グラミン銀行
★★★☆☆☆ 10 □□□	グラミン銀行が行なう、貧困層を対象に無担保で低金利・少額の融資をする金融サービスを何というか。	マイクロクレジット
★★★★☆☆ 11 □□□	2000年に国連が打ち出した、貧困の撲滅など開発分野における国際社会共通の8つの目標を何というか。	国連ミレニアム開発目標（MDGs）
★★★★★☆ 12 □□□	MDGs の後継として2015年に採択された、持続可能な国際社会の実現に向けた17の目標を何というか。	持続可能な開発目標（SDGs）
★★☆☆☆☆ 13 □□□	「持続可能性」を何というか。SDGs が広く浸透し、環境や経済など多方面で用いられる言葉になっている。	サステナビリティ
★★☆☆☆☆ 14 □□□	2008年までの20年間で世界の経済格差に起きている変化を、グラフ分布により可視化した理論を何というか。	エレファントカーブ

★★★★★☆ **15** □□□	アジア新興国のインフラ開発などに融資を行なう、2015年に中国が主導して創設された金融機関を何というか。	アジアインフラ投資銀行（AIIB）
★★★★★★ **16** □□□	中国の習近平国家主席が提唱した、インフラ整備を進めてアジアとヨーロッパの経済発展を目指す経済圏構想を何というか。	「一帯一路」構想

❹ 地球環境問題

用語集 p.253～260

■地球環境問題

★★★★★☆ **1** □□□	二酸化炭素やメタンなど、太陽光線は通すが地球からの熱エネルギーは吸収する性質を持つ物質を何というか。	温室効果ガス
★★★★★★ **2** □□□	化石燃料の大量消費などにより温室効果ガスが増加し、気温が上昇する環境問題を何というか。	地球温暖化
★★★★☆☆ **3** □□□	フロンガスが原因の環境問題を何というか。地球上に届く有害な紫外線が増加し、健康被害などが生じる。	オゾン層の破壊
★★★☆☆☆ **4** □□□	ウィーン条約に基づき1987年に採択された、オゾン層破壊物質に関する取り決めを何というか。	モントリオール議定書
★★★★☆☆ **5** □□□	商業用木材の伐採や大規模な焼畑農業などを原因とし、生物種の減少なども招いている環境問題を何というか。	森林破壊
★★☆☆☆☆ **6** □□□	絶滅の恐れがある野生動植物の保護をはかり、商業目的取り引きの全面禁止などを定めた条約を何というか。	ワシントン条約

■放射能汚染

★★★☆☆☆ **1** □□□	使用済み燃料など廃棄後も放射能を有する、原子力関連施設から出される廃棄物を総称して何というか。	放射性廃棄物
★★★★★★ **2** □□□	1954（昭和29）年、太平洋ビキニ環礁での米軍の水爆実験に日本漁船が巻き込まれて被ばくした事件を何というか。	第五福竜丸事件
★☆☆☆☆☆ **3** □□□	1986年に旧ソ連で起きた、人類史上最大規模の発電所事故を何というか。	チョルノービリ原子力発電所事故
★★★★★★ **4** □□□	2011年3月11日に発生した、M9.0の地震とそれに伴う津波や建物倒壊などの大規模災害を何というか。	東日本大震災

★★★★★★ **5** □□□	<u>東日本大震災</u>における津波の影響により発生した、甚大 な被害をもたらした発電所事故を何というか。	福島第一原子力発電 所事故
★★★★★★ **6** □□□	<u>福島第一原子力発電所事故</u>を受けて2012年に新設された、 原子力に関する行政機関は何というか。	原子力規制委員会

■地球環境の保全

★★★★★★ **1** □□□	環境保全活動を広めるきっかけにもなった、1962年に出 版されたレイチェル＝カーソンの著作は何か。	『沈黙の春』
★★★★★★ **2** □□□	「かけがえのない地球」をスローガンとする、1972年に開 かれた地球環境に関する初の国際会議を何というか。	国連人間環境会議
★★★★★★ **3** □□□	<u>国連人間環境会議</u>の決議に基づき1972年に設立された、 環境保全を目的とした国連機関を何というか。	国連環境計画 （UNEP）
★★★★★★ **4** □□□	1992年に国連加盟国ほぼすべてが参加し開催され、多く の条約が締結された環境に関する国際会議を何というか。	国連環境開発会議 （地球サミット）
★★★★★★ **5** □□□	<u>地球サミット</u>で基本理念として掲げられ、その後の国際 会議でも主要テーマになっている考えを何というか。	「持続可能な開発（発 展）」
★★★★★★ **6** □□□	地球サミットで合意され様々な条約にも明記されている、 <u>地球温暖化</u>対策に関する基本原則を何というか。	共通だが差異のある 責任
★★★★★★ **7** □□□	地球サミットで採択された、国際機関や各国、事業者な どが取るべき行動計画を示した文書を何というか。	アジェンダ21
★★★★★★ **8** □□□	地球サミットで採択された、地球温暖化対策の目的や義 務を定めた条約を何というか。	気候変動枠組み条約 （地球温暖化防止条 約）
★★★★★★ **9** □□□	<u>気候変動枠組み条約</u>締約国が参加して毎年開催される会 議を、英語の頭文字を取って何というか。	COP
★★★★★★ **10** □□□	地球サミットで採択された、生物種保全や遺伝資源から の利益の公平分配などを目的とする条約を何というか。	生物多様性条約
★★★★★★ **11** □□□	1997年の <u>COP</u> 3 で採択された、法的拘束力のある温室 効果ガス削減数値目標を定めた文書を何というか。	京都議定書

★★★☆☆		
12 ☐☐☐	京都メカニズムの1つで、他国の温室効果ガス余剰削減分を購入し不足分に充当できるしくみを何というか。	排出権取り引き
★★★★★		
13 ☐☐☐	2015年のCOP21で採択された、すべての国が参加し温室効果ガス削減目標を定めた取り決めを何というか。	パリ協定
★★☆☆☆		
14 ☐☐☐	温室効果ガスの排出量抑制と吸収・回収技術向上により、排出量の実質ゼロ化を実現する社会を何というか。	脱炭素社会
★☆☆☆☆		
15 ☐☐☐	DACCSやBECCSなど、温室効果ガスを回収・吸収し貯留・固定化する新しい技術を総称して何というか。	ネガティブ・エミッション
★★★☆☆		
16 ☐☐☐	ブラウン管や使用済みニッケル電池など有害廃棄物の国際移動と処分の規制について定めた条約を何というか。	バーゼル条約

❺ 国際経済と日本

用語集 p.260〜263

★★★★★		
1 ☐☐☐	貿易収支の不均衡が原因で発生する、貿易をめぐる国家間の対立を何というか。	貿易摩擦
★★★☆☆		
2 ☐☐☐	貿易摩擦に対してのアメリカの対外制裁条項の1つで、日米・米中貿易摩擦でも適用された法令を何というか。	スーパー301条
★★★★☆		
3 ☐☐☐	市場競争を促進し経済活性化を目指すため、安全基準など企業活動に対する規制を縮小することを何というか。	規制緩和（ディレギュレーション）
★★★☆☆		
4 ☐☐☐	自国産業保護を目的とする貿易障壁などを縮小し、外国からの自由な参入を受け入れる動きを何というか。	市場開放
★★★☆☆		
5 ☐☐☐	経済構造改革や財政再建などにより、輸出主導型から転換することが望ましいとされる経済構造を何というか。	内需主導型の経済
★★★☆☆		
6 ☐☐☐	大店法の規制緩和などの方針を示した、プラザ合意後も続いた日米不均衡の是正を目指した協議を何というか。	日米構造協議
★★★☆☆		
7 ☐☐☐	2020年1月に発効された、日米両国が対象品目の関税縮小に合意した事実上のFTAを何というか。	日米貿易協定
★★★★★		
8 ☐☐☐	公正な経済活動を阻害するため禁止されている、国内外市場で異なる価格で商品を販売する行為を何というか。	ダンピング（不当廉売）
★★★☆☆		
9 ☐☐☐	1単位通貨で購入できる商品の量を比較して各国通貨の	購買力平価（PPP）

交換比率を示す、為替相場における仮説を何というか。

★★★★★☆
10
☐☐☐ 日本企業の海外進出が増えることで生じる国内産業に関する問題を何というか。安い人件費などが背景にある。

産業の空洞化

★★★★☆☆
11
☐☐☐ 2015(平成27)年に策定され2023(令和5)年に改訂された、日本の ODA に関する基本理念を何というか。

開発協力大綱

★☆☆☆☆☆
12
☐☐☐ 外国人観光客や、その国内消費を指す言葉を何というか。21世紀以降増加し、大きな影響力を持つようになった。

インバウンド

索引

この索引は、解答として掲載している用語のページを示しています。

欧文略語索引

編集委員　　秋元　　仁

小森　隆史

篠田健一郎

外側　淳久

山川 一問一答政治・経済

2024 年 1 月　初版発行

編者	政治・経済用語問題研究会
発行者	野澤武史
印刷所	信毎書籍印刷株式会社
製本所	有限会社　穴口製本所
発行所	株式会社　山川出版社
	〒 101-0047　東京都千代田区内神田 1-13-13
	電話 03（3293）8131（営業）　03（3293）8135（編集）
	https://www.yamakawa.co.jp/
装幀	水戸部功
本文デザイン	株式会社　ウエイド（山岸全）

ISBN978-4-634-05115-7　　　　　　　　　　　　NYIZ0102